Instagram Taiwan Landscape

IG 打卡台灣祕境

IG 尋祕達人 陳健安 JASON ／著 · 攝影

朱雀文化

美麗的台灣風景拼圖

　　和健安的相識是在刺鳥咖啡書店，他來島嶼的坑道書店打工換宿。在這段山與海時光裡，漸漸發現他有特殊的美學視野，在幫刺鳥咖啡書店畫漂流木的過程，也驚訝他獨具慧眼的美學表現，把不起眼的木頭用彩色的畫筆賦予新的面貌。在這本書中，他獨特的色彩文字，用色澤與色澤之間的搭配，在字裡行間展現獨特的美學書寫。他對台灣的美麗教堂以及建築物造型特別的取景角度，在在展現細膩的心思，鋪陳的語言清新而耐讀，書中攝影也讓人感受他取景的用心。

　　這本書用字取景令人感受作者力圖彰顯台灣地景與建築之美，像對鳳山長老基督教堂的拍攝手法，以部分取景來敘說全部的建築外觀；像加路蘭海岸的幾張攝影照片，也反射出作者簡約有味的構圖張力，用簡單的建築及風景圖片，來述說他內心的素樸之美；在新湖漁港安檢所及消波塊的拍攝上，也驚喜他能在尋常角落發現不尋常之美的能力；在海港隨處可見的消波塊裡，尋找不同存在的攝影美學，從他的圖片與文字，已經讓讀者的心隨之波動。

　　年紀輕輕的他已經有心為台灣這麼多的人文及地理風景，寫下美麗的旅遊途徑。他描繪出個人獨一無二的心靈祕境筆記，相信許多人也因為健安的這本特殊美景地圖，而想要探訪這些風格各異的台灣景點，希望他未來能收集更多風景拼圖，拼貼在他的理想世界裡。

連江縣政府文化局前局長　曹以雄

睜開「發現美的眼睛」，「視界」充滿更多美好

「這世界不缺乏美好，缺乏發現美的眼睛。」

在台灣從事導遊領隊的那四年，在每一趟旅程的尾聲，在回程的車上，我都會拿著麥克風，倚靠著椅背，跟意猶未盡的客人們，分享這句法國雕刻家羅丹在百年前說過的話。

確實，捫心自問，在這個忙碌的時代，可曾細心觀察你每天上下班的路線，有沒有什麼不同？巷口的花是不是不知不覺開了？常去的小吃店的嘈雜聲是不是依舊？轉角那間店面是不是易主了？路上的行道樹是否凋零？

如果我們能隨時保持著開放的心胸，睜開我們那雙「發現美的眼睛」，我們的五感所能感受到的，會不會就此不同？

美，不該只是客觀的外貌，更應該要是一種生活的態度，蘇東坡的好友佛印也曾對他說過：「心中有佛，所見皆佛。」我想把這句話微調一下：「心中有美，所見皆美。」

在菲律賓的這三年，我也一直努力地想要讓更多人看見不一樣的菲律賓，除了舉辦講座之外，直接用照片讓大家知道，這裡真的跟想像中的不同。透過這樣的方式，讓大家重新認識菲律賓，也成了我工作之餘很重要的任務。

健安的這本書《IG打卡台灣祕境》，從地景、天然、吃貨、神隱等四種路線切入介紹，提供了許多你知道或是還不知道的絕美必拍景點，實在是難能可貴。有幸搶先一飽眼福，一定要推薦這本書，希望每一位讀者都能夠知道：台灣很美，如果我們都能夠睜開「發現美的眼睛」，我們的「視界」將充滿更多的美好！

亞洲青商會理事暨關鍵評論網菲律賓特派員　林南宏

用照片說故事，一起旅行吧

我一直覺得故事有一種魔力，能夠讓你進入到那個情境。所以，我常常用簡報說故事，讓大家從故事中感受到情緒和意義。

如果我是用簡報說故事，那麼健安就是用照片說故事的人。每一張照片的背後，都是一個好的故事，你能夠從照片上看見畫面中的動感，景色的美麗。如果你對照片還有多一點想法，你還能從光和影的調和看見拍攝者現在的心境，或是由對方捕捉的畫面來推敲拍攝者當下的心情。連同一個主角都有很多戲，像很多人能夠拍出男女朋友拍另一伴的幸福視角，爸媽拍小孩的慈愛視角，自己拍風景時想表達的心事等等。

但我後來想想，每一個照片的故事後面，其實缺乏的是場景。你會發現很多人的照片上只剩下食物和咖啡廳，或是你所熟知的觀光勝地。所以我看到這本書的時候非常開心，因為健安不只用照片說自己的故事，他現在還把場景交給你，讓你拍出自己的故事。

我認真看了這本書之後，就思考一件事情。其實把照片和地點給我，我們直接去拍就好了，為什麼要介紹這個景點呢？後來想起，每次我去博物館的時候，很多畫我都看不懂。但當有導覽人員跟我說明時，我就可以回到那個時空背景，對於這張畫多了更多的想法，也就是所謂感情。

所以，每一張照片都是藝術品。讓健安跟你分享拍下這張照片的場景，搭配他自己的視角，你能夠對這裡更加理解。這時候你就能夠順著健安的思緒，讓你下次來這裡拍照時，能夠融入這裡，拍出更有感覺的照片。

而我覺得健安最貼心的，就是跟你分享這個場景下的拍法，所以就算你跟我一樣看著美景很美，卻拍不出你要的畫面，只要參考他的拍法，你也可以拍下美美的照片。不過最重要的其實不是看著這本書怎麼拍，而是實際走到場景裡，拍下屬於你的故事吧！

所以就像健安的粉絲頁名稱：「旅行，履行中」一樣，無論是帶著重要的人，或是帶著自己的心，讓我們一起跟著健安，去履行屬於自己的旅行吧！

溝通表達培訓師　張忘形

用腳步美化自己的IG版面

全台IG祕境跟著走就對了！

究竟是需要多少熱情、多少心思來為自己不斷加油，分享其實需要有不斷的動力。或許大家對於部落客的身分一直很好奇，畢竟除了一般所知道的業配部分，但大多數的分享其實也是部落客本身更融入於生活上的體驗，而不是全都以業配來游走。更隨著時代改變，現在大多數年輕人或許已不在臉書上分享，而改以YouTube及IG來跟好友們以生活周遭做連結。

認識健安在這短短一年多的時間，不得不說他擁有不斷為自己突破及敏銳的冒險探索精神，在一年之內上山下海，甚至離島。這是一本關於全台灣的IG打卡祕境，甚至還分成地景系／天然系／吃貨系／神隱系，形成了另類的旅遊書。Coco相當榮幸地可以為健安做推薦，不要小看這些美美的IG照片，許多美麗的照片以Coco對健安的了解，這背後所要燒的腦筋可不小。甚至記得最早認識健安時，他可是騎著摩托車環島取景。本書還帶著你探索，甚至還有尚未曝光的私房景點。就讓我們跟著健安的腳步，美化自己的IG版面吧！

資深親子部落客 *Coco*

帶上它，為旅程增添更多驚喜

SKY和健安雖然認識的時間不長，但因為都有一顆熱於分享的心，讓我們像多年好友一樣熟絡，大家都不斷地在台灣耕耘，如今作者將他在台灣各處探詢的成果，那鮮為人知的IG祕境公開。

健安獨特的攝影視角和筆觸，有別於市場的旅遊書，用他最真切的感受，透過文字讓你深入其境，或許你沒辦法在短時間走完每一處祕境，但你可以先睹為快，下次出遊時，帶上它，為你的旅程增添更多的驚喜。

資深旅遊部落客 *SKY*

用鏡頭說故事，用景色訴說心情

　　第一次認識健安，是在2017年8月的花蓮遊艇行。當時看到的是一個靦腆不多話的男孩，隨時拿著相機，專注捕捉他要的畫面。後來因為好奇，主動過去跟他聊聊，聊他怎麼找景色，怎麼構圖……。

　　幾天之後，我在他的粉絲專頁上看到照片，那震撼的心情，至今仍清晰不已。明明幾天前還站在一起聊天，看到的是同一片藍色海景，透過他的鏡頭，說的卻是另一個故事！

　　這幾年因為部落格，認識不少拍旅遊相關主題的男性攝影師，同樣是拍風景、追祕境，我喜歡健安的照片中帶點日系風格，細膩溫柔的呈現手法，以及他天生的美感！很多照片看到第一眼是喜歡，再看第二次、第三次，你會發現他驚人的構圖以及色彩安排！

　　他拍的風景，常有讓人眼睛聚焦的人物，或許是一個背影或一個側影，但人融入景色一點都不突兀，就看你看著他的照片怎麼說故事，可以由人物帶你進入這景色，也可以由景色帶出畫面中人兒的故事。

　　是的，說故事！不只照片，在「旅行‧履行中」粉絲專頁，也可以看到他總是溫柔講述這張作品的故事，或許是這個景點介紹，或許在這個景點他看到的其他小插曲。常常他不忘邀請粉絲看完照片後假如有共鳴，一起分享照片或故事。我想，也就是這樣有溫度的照片和文字，才會有越來越多人喜歡欣賞他鏡頭下的故事！

　　很期待這本書的出版，書中很多地方其實我都去過，但我更想知道透過他的鏡頭，透過他的細膩與美感，告訴我更多不同的故事。

美食部落客 美食好芃友

祕境是什麼？我會說像青鳥

從學校畢業不久，我卻在攝影路上走了將近十年，拿著相機的時間遠遠比手機還要久，抬頭仰望美景的時間遠遠比低頭注視手機還要長。為了讓更多人看見台灣，知道台灣的美，除了不斷精進攝影技術，這幾年陸續造訪台灣各縣市，探索各地鮮少人知的祕境，渴望把所有美景都裝進相機裡，同時用文字與照片說故事，讓更多人無法自拔地愛上這塊土地。

而在景點與景點的旅途中，不時伴隨著探索與迷途，有時轉眼一瞥，可能在某個岔路，看見一處美景；有時走錯了路，卻也意外發現地圖上沒有的風景。

藝術大師羅丹曾說過一句話：
「Beauty is everywhere. It is not that she is lacking to our eye, but our eyes which fail to perceive her.」
這個世界並非缺少美，而是缺少發現美的眼睛。

但在這資訊快速傳遞的時代，祕境的定義越來越模糊，今日的祕境有可能成為明日的爆紅景點，但在還沒徹底走完台灣之前，我想祕境就像青鳥，也許在遙不可及的天邊，也許就在你我的身旁，只要用心發現與尋找，便會體悟其中的美、發現不為人知的仙境。

這本書便是我這幾年來陸陸續續走訪景點時，由許多意外發現的美景，以及在地人的資訊集結而成。為了尋找每個縣市的祕境，我更規劃了兩次長達近一個月的環島以及一次為期一個月的離島打工換宿，在每個縣市深度旅遊、停留，渴望看見台灣更多美景。

出發吧！旅行不該只是計畫，不該只是掛在嘴上，而是不斷履行，就像我的部落格名稱一樣，一起「旅行・履行中」吧！

陳健安Jason
2018.01

Contents

地景系祕境
在空間與時間中穿梭

Contents

天然系祕境
一睹大自然的神祕仙境

神隱系祕境
讓我們在對的時間相遇

吃貨系祕境
餐廳就是我們的攝影棚

後記

祕境，需要你我守護

書中旅遊資訊圖示

地點　地址　電話　　　　粉絲頁

Taichung

information
🏠 台中市新社區協興街61號
📞 04-2582-1141
🕐 平日09:30～17:00，週五、六、日09:30～21:00，周四店休
f 千樺花園餐廳
🚶 ★☆☆

難易度　粉絲頁　營業時間　　　地圖　　　網站

Q

INDEX 全台祕境索引目錄

做好準備　捕捉美景
IG美照這樣拍

　　美景當前，總讓人忍不住拿出手機、相機，快速按下快門，我們當然也不例外，甚至比大家還要瘋狂，這邊拍一張，往前一步再拍一張，往左移一張，往右挪再一張，恨不得將眼前景色全都收藏進相機。但不少人常常碰到幾種情況，明明眼前的景致美得令人發愣，卻怎麼也拍不出來，抑或幫另一半拍攝，但總是一拍再拍，甚至壞了旅途興致，因此在出發造訪景點之前，先分享幾個簡單技巧，讓大家可以輕易捕捉美景，在IG秀出一張張扣人心弦的吸睛美照。

出發前

　　每次規劃旅遊景點時，我們多半會參考網路上的旅遊文章、Google圖片、IG打卡照片，透過旅遊文章的圖片，可以對景點有初步認知；透過Google圖片，則可以有更多攝影師厲害的照片做參考，同時當地的紀念品店明信片也非常值得參考，可以讓你對每個景點有基本的想法；而IG打卡照片，則可以參考其他旅客的穿搭、取景等，尤其對女生而言，每次出門總是煩惱不知道該如何穿搭，這時候就可以參考IG上其他女生的穿著，輕鬆挑選搭配，也可以透過「珍藏」功能，收藏好每個景點的必拍取景角度，到達現場只需參考這些照片，便可以輕鬆拍出美照。至於旅途上意外發現的祕境，從未曝光的景點就只能靠自己囉！

事先了解環境便可以輕鬆應景穿搭

關於構圖

　　坊間其實有許多知名攝影師撰寫的攝影教學書籍，不論是針對相機操作、題材應用、構圖等，內容都相當豐富且完整，但在IG版面上，會將照片以1:1方形呈現，因此像是「井字構圖」的照片往往會被切割破壞，造成整個視覺的呈現相當不美觀。這一點甚至讓我們一度放棄在IG上分享照片，後來看了許多IG照片，發現一種構圖法──「倒T字構圖」，只需要將主體放在交會點，不論是以原尺寸還是方形上傳，甚至限時動態分享，完全不會影響畫面的美感，無往不利。

倒T字構圖法

4:3原尺寸

1:1方形

限時動態

照片脫穎而出的撇步

　　由於 IG 上的瀏覽方式大致分為平滑式、九宮格兩種，要如何在快速滑動的頁面與小小的框框中脫穎而出，拍出扣人心弦，讓人容易點擊觀看，甚至點上一顆愛心呢？其實只需要把握幾個大方向、配合穿搭，就可以讓你的照片在IG上脫穎而出！

1.對比

透過顏色對比，例如黑與白、綠與橘等，讓整個視覺有明顯的焦點。

大面積的綠加上對比的橘，凸顯整個畫面。

2.人物

透過倒 T 字構圖法在畫面上加進人物，不只可以表達情感、故事，為自己留下回憶，甚至讓觀看者容易有投射反應：「我去的時候，也可以入鏡拍出這樣的畫面。」

4:3原尺寸

1:1方形　　　限時動態

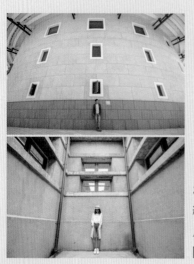

3.簡約

維持畫面乾淨、清爽，放入太多元素反而容易使照片沒有重點而被略過。簡簡單單的畫面，雖然不熱鬧，卻容易吸引目光。

善用修圖APP　•••

　　一張好的照片，除了擁有美的構圖，營造的氛圍也非常重要。透過一些簡單的修圖APP，在分享前加上濾鏡，便可以讓你的照片與眾不同。較多人使用的像是「VSCO」、「Snapseed」，以及攝影師熟悉的「lightroom」，其他還有「美圖秀秀」、「Analog系列濾鏡」，最後如果想藉圖抒情，為照片押上些文字，則可以使用「黃油相機」，裡頭有著大量的文字版型。

IG美照這樣拍！重點整理

1.善用GOOGLE、IG搜尋，事先對景點有初步認知。　❤

2.透過搜尋，選擇應景的穿搭為照片加分。　❤

3.善用倒T字構圖法，把握畫面的對比與簡約。　❤

4.運用修圖APP，使照片與眾不同。　❤

修圖APP看這裡！

VSCO

Snapseed

lightroom

黃油相機

Architectural Landscape
地景系祕境
在空間與時間中穿梭

阿根納造船廠遺址
幾何的鋼筋水泥，斑駁著歲月的痕跡。

　　台灣曾歷經「台灣錢淹腳目」的年代，當時經濟興盛，景氣繁榮，可惜好景不常，隨著經濟蕭條後，不少產業變成夕陽產業，甚至造成許多工廠、園區倒閉，最後淪為廢棄遺址。在基隆的和平島一側，有一棟建築物，早年是日治時期運送砂礦的碼頭，將金瓜石一帶的礦物集中，隨後改以海運方式運送至日本。隨著殖民結束，運礦產業也跟著關閉，直到一家以建造遊艇為主的美國公司阿根納造船廠承租後，才讓此地因而得名，最後卻也因經營不善，難逃倒閉命運，至今則成為一處百年歷史遺跡，不只吸引許多外拍攝影師、Cosplayer前來取景，就連美國隊長克里斯·伊凡，也曾在此拍攝電玩廣告。

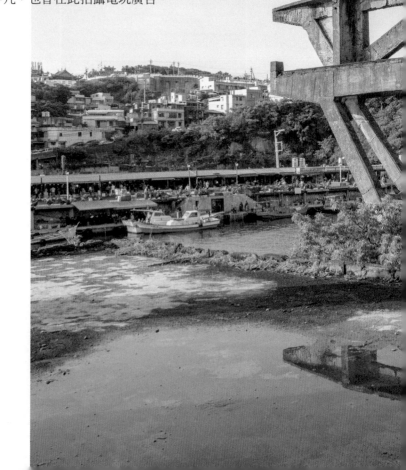

■對稱的建築，帶著斑駁的痕跡。

⚲How to go

　　「阿根納造船廠遺址」緊鄰著通往和平島的和平橋。前往和平島時不難發現這處斑駁、滄桑，帶著一絲孤寂的遺址。這天從基隆市區出發，沿著素有最美海岸公路之稱的台2線行駛，直到國立台灣海洋大學前，轉往一側通往和平島的路段，上橋前便可見阿根納造船廠遺址的鋼筋水泥，一邊望著造船廠遺址，一邊尋找進入的大門，停妥車輛後，抱持著探索祕境、廢墟遺址的心情，展開了這一趟旅程。

■霸氣的廢墟意境照。

■黑白配色的街頭塗鴉。

◎ 這裡，真美！

一進入造船廠遺址，其中一側殘破不堪，不時外露著鋼筋枝條，原來早些日子，這裡曾經被怪手無情地拆除，幸好在文化資產保護意識下得以留存，如今成為百年歷史遺跡。隨著腳步小心翼翼地往裡頭探索，鋼筋水泥整齊排列著，建構出一面面幾何紋理，斑駁的痕跡帶著歲月的記憶攀附在柱子上，無情的海風持續侵蝕著，直到走進裡頭一片空地，任由兩側高聳的方形水泥柱包圍，彌漫著一股荒廢而滄桑的氣息，周圍不時有許多廢棄物成列，更可以看見許多街頭塗鴉的痕跡，尤其一面以黑白色的文字最為搶眼，與水泥搭配成一處黑灰白造景。

■整個遺址分為上下層，足以一一探索。

仔細探索，阿根納造船廠遺址為多層式建築，由鋼筋水泥建構而成的幾何方形便代表著一層，主要可以駐足探索的樓層為一、三層，不少地方因怪手摧毀地面與樓梯，因而無法前往，更有不少地方斑駁而殘破不堪，讓我們格外小心。不時也可以看見許多攝影師偕同模特兒、Cosplayer，在裡頭外拍，不論是身穿中性霸氣的皮衣抑或帶點科幻感的動漫造型，襯著阿根納造船廠遺址，想必拍起來的畫面格外有氣勢。尤其前一日才剛下過雨，地面上不時有幾處積水，倒映著建築呈現出幾何的對稱世界，非常適合襯著倒影拍攝，卻也不禁令人掛念著，這樣的景色能保存多久，會不會再一次遭到摧毀，或是受到海風無情的腐蝕，讓歲月的痕跡徹底瓦解、消失。

■幾何的線條，帶點簡約美感。

Keelung

information
🏠 基隆市中正區正濱路116巷75號

🚶 ★☆☆

🔊 小叮嚀：部分結構鬆動，注意自身安全。

基督長老教會
大稻埕教會

傳頌雋永的福音，
是隱身教堂裡的管風琴。

　　台灣在經過不同國家統治以及多元群族下，同時也孕育出不同理念的宗教信仰，其中基督教與天主教教堂便有些微差異，也讓我們每每造訪台灣各地，都會特別留心，將教堂穿插、安排到行程之中，靜靜駐足欣賞其華麗與對稱的建築式樣，以及內部寧靜的氛圍，而大稻埕教會則是讓我們最驚豔的建築之一。

■木造的內裝，盡頭是一座大型管風琴。

○How to go

搭乘捷運橘線，由大橋頭站步出捷運，沿著重慶北路而行，一棟保有懷舊復古的建築吸引了我們，仔細一瞧才發現原來是一間星巴克，將原有古蹟加以活用，不只融化在整個大稻埕之中，更能讓古蹟保存得更加悠久。在下一個街口拐進甘州街，對稱的建築，刻著「禮拜堂」，吸引著遊人的目光。

■紅磚的溫度點綴著白色雕花。

Taipei

information

🏠 台北市大同區甘州街40號

🚶 ★☆☆

🔊 小叮嚀：務必避免打擾教會活動

◎這裡，真美！

漫步在古色古香的大稻埕，特別讓人想任由陽光曝曬，走在大街小巷，也不想躲進騎樓裡錯過每一絲歷史的痕跡，放眼望去盡是保有純樸與溫度的紅磚色，抬頭仰望的是細緻華麗的精雕裝飾，每走過一間店面，便一一堆疊著五、六〇年代的氛圍，傳統的農器具、彌漫香氣的中藥材、各式各樣的南北貨。

大稻埕教會是目前台北地區僅存四座興建於日治時期的長老教會教堂，另外三座則分別為濟南教會、中山基督長老教會與淡水教會，其中以大稻埕教會最早興建完成，現今的大稻埕教會也並非最初造型，中法戰爭之際，原來的大稻埕教會慘遭民眾攻擊摧毀，後來重建時，李春生長老更遠赴福建廈門考察當地教會建築後修改而成，因此大稻埕有著仿柯林斯式柱頭的柱子、哥德式的尖拱，以及日式建築相當經典的牛眼窗。

教堂內部不時傳來陣陣悠揚的音樂，原以為是教會內部正進行活動，當我們慢慢往教堂裡移動時，視線沿著一排排長椅往盡頭延伸才恍然大悟！原以為應該會出現十字架，沒想到竟是一座碩大的管風琴，為整座教堂內部增添繁華。隨著管風琴伴奏下，靜靜坐在大稻埕教會裡頭，則像聽著抒情音樂般，隨著琴師的演奏讓人陶醉其中，我想這樣的氛圍就像身處祕境，放鬆而漸漸享受其中。

基國派老教堂

石塊堆砌而成，
通往天堂大門的鑰匙孔。

　　在埃及擁有世界奇觀之稱的「金字塔」，由一塊塊方形石塊堆砌，形成一座巨大的四角錐建築，奇特的建築工法對比當地地理環境，讓不少專家學者深入研究。而在台灣則有一處教堂，同樣以石塊推砌而成，雖然沒有金字塔來得壯闊，卻是當地泰雅族人團隊合作、共同努力，完成一處由石頭建成的信仰中心。如今新教堂落成，原本的老教堂功成身退，卻也成為隱藏在山裡聚落的「宗教百景」，讓不少攝影迷造訪駐足，欣賞其獨特的造型式樣。

■充滿圓弧的斜面象徵著「雲端」。

■一石一磚整齊排列堆疊而成。

■靜靜佇立在部落之中的老教堂。

■特殊的大門設計，猶如鑰匙孔。

How to go

「基國派老教堂」位於桃園復興鄉的泰雅族大窩部落，緊鄰著另一處祕境「三民蝙蝠洞」，因此非常適合一次造訪兩處祕境。順著台7線行駛到復興區，緊接著拐進基國產業道路，經過蜿蜒山路便會來到一處岔路口，左邊往老教堂，右邊則往蝙蝠洞，轉進岔路不遠，便可見教堂屹立在一片草叢中。基國派老教堂與三民蝙蝠洞也有著密不可分的關聯，由於當時信徒人數增加，每每聚會苦無定所，因此決定在部落裡興建一座教堂。初期構思時便捨棄了泰雅族傳統的木頭與竹子材料，選擇鄰近蝙蝠洞石材做為材料，一人一石團結合作下得以完成。

這裡，真美！

遠遠望著基國派老教堂，便可感受到它與一般教堂有著截然不同的氛圍，帶著一股樸質而古老的氣息，像是個歷經滄桑、擁有豐富事蹟的部落耆老，幽幽靜靜地坐著而望向部落，石頭材質更有幾分馬祖傳統石頭屋的印象，由蝙蝠洞取材的石塊，在歷經初期的石材切割問題後才得以搭建而成，一塊塊石塊看似有大有小，卻整齊排列堆疊著，彷彿抽掉了印象派畫師皮特·蒙德里安的色彩，卻保留著黃金比例切割的線條，斜面的屋頂帶著圓弧，象徵天際間的雲端，闡述著另一種天國形式，比起一般教堂的尖塔、直角，更擁有圓融的造型。兩處大門一方一圓交疊，全是來自於鑰匙孔的設計概念，象徵著信徒來到教堂，就像是開啟天堂的大門，每一處造型、巧思，都足以令人細細品味。

對照一旁的新教堂，雖然老教堂顯得小巧，卻隱藏不了近一甲子的歷史，每一塊石塊在歷經歲月的洗禮、風雨的洗刷之後，彷彿部落耆老臉上的皺紋與紋面，更保留著當地部落族人的記憶。褪去部落信仰重心的重要使命，如今依然靜靜佇立在部落之中，彷彿祕境一樣，等待世人再次造訪，觸摸一塊塊岩石，用心聆聽、感受部落耆老說著那些風風雨雨，細細體會箇中滋味。

Taoyuan

information
桃園市復興區三民村18鄰96-3號
★☆☆

大平紅橋
永垂不朽的紅橋，
連接村里之間的連結。

　　早期交通網路不甚發達，村里間往來或運送物資通常必須經過小徑古道或是跋山涉水，因此不少村里便會自主地搭建便橋，讓居民往來不必再冒險涉水通過。位於桃園市龍潭區的太平紅橋，就是這樣的歷史因素而建。儘管交通逐漸便捷，紅橋漸漸沒落，它美麗的身影被票選為台灣歷史建築百景中，名列第六十五名。

■坐在紅橋上，宛如置身童話仙境。

♀How to go

　　大平紅橋離石門水庫不遠，沿著台3線驅車行駛，隨後轉往台3乙的分支省道，直到一處指標轉進村莊小徑，四周紅磚矮房林立，有別於省道上的車水馬龍，倚坐在門前的居民好奇地對我們探頭探腦，大概心想為什麼會有外地人或觀光客前來吧！直到步道口，將車輛停妥，順著溪水而走，遠遠便可看見紅橋倒映在清澈的水面上。

Taoyuan

information
🏠桃園市龍潭區
　石門路53號
🚶★☆☆

◎這裡，真美！

大平橋是早期三坑子與大平里之間的聯絡橋樑，由陸昌義、張金城、張鼎生、葉標成等鄉紳發起興建。「大平橋」為象徵永垂不朽之意，由紅磚搭建而成的紅橋，有著四個圓拱狀的造型，幾處被植被攀附而上，當地人更習慣稱之為紅橋。由於早前並非有良好建材可以使用，因此為了穩固橋樑，便在石膏裡加入糯米水，因此老一輩的本地人又稱紅橋為「糯米橋」。

直至今日，雖然褪去了主要往來交通的重要使命，但依然可見在地人挑著扁擔或是一身農村裝扮，通過紅橋至田野間耕耘，後來更票選為台灣歷史建築百景之一。傍晚時分，陽光斜射照映在橋身上，將紅磚打得閃亮，四周植被也被照應得金黃。漫步其中，身影勾勒出一道金色邊光，隨意按下快門，一張張猶如仙境般的意境照便油然而生，搭配橋樑近百年的歷史斑駁痕跡，彷彿駐足歐洲古堡護城河的橋樑上，順光的一面更可以清晰看見紅橋倒映在水面上，圓拱狀的簍空透過水面填補成一個個橢圓狀，多了幾分詩情畫意。

頭前溪豆腐岩

河道上的方塊陣，是不經意的美麗。

在攝影迷的私房景點裡，有一處號稱為「豆腐岩」的地方，並非海岸線的奇岩怪石，而是位於河床上的人造石塊，以陣列的整齊排列方式，一塊塊方形石塊猶如豆腐，當雨季溪水來臨，更被戲稱為豆腐湯，但這樣的景致並非刻意設置，而是水利工程師為了穩固河床所放置，並有效控制上游河床的沖蝕及防止河床掏空，更可以抬升水位供農業灌溉，一舉多得，如今卻成為一場不經意的巧合，造就如此美麗的奇景。

■襯著後頭的市容，別有磅礡氣勢。

♀How to go

　　這塊壯闊的「豆腐岩」位於新竹市以及竹北市交接的頭前溪，想近距離一睹豆腐岩，甚至一躍在豆腐塊上跳躍，則必須從靠近新竹市的一端進入。這天從新竹市區出發，順著公道五路行駛，沿途經過國道一號的新竹交流道出口，若是外縣市，則可以從這裡出交流道，緊接著轉進鄉間的竹美路，四周一片翠綠稻田，與剛才的高樓華廈有著截然不同的氛圍，直到接上台68號高架道路，在一處交會點轉進左側道路，便會抵達河床邊，不禁令人佩服攝影迷們的探索能力，能在這樣的路段發現這樣的景致。

◎這裡，真美！

前前後後我們造訪豆腐岩兩次，分別為四月的雨季以及十月的旱季，欣賞到截然不同的景致。四月造訪時，遠遠就可見不少攝影迷端著腳架，在堤防邊駐足，守候取景，向前靠近才發現，原來是午後雷陣雨讓溪水暴漲，看著溪水在一塊塊豆腐岩上流竄，隨著流動方向勾勒出一縷縷絹絲，看來有幾分像是味噌湯裡的豆腐，雖然看似驚險，卻也多了幾分壯闊，一邊佩服著大自然的力量，一邊讚歎著這意外的美麗。當夕陽西下，天際露出一抹金黃，攝影迷們鋌而走險搶拍絕美的一刻，也讓不少人站在堤防邊，襯著塊塊豆腐岩拍攝。

當十月旱季再度造訪，眼前景象讓人很難想像當初四月的溪水暴漲，映入眼簾的是一塊塊露出水面的豆腐岩，稜稜角角的樣貌，整齊排列地在河床上頭，溪水像是熟睡的小孩，靜靜滑過石塊底下，頓時間我們彷彿化身為瑪莉歐，跳躍在一塊又一塊豆腐岩之間，襯著後方的竹北市容，以及發著湛藍的天空，欣賞這意外的景致，更讓人體會到數大便是美，不斷地按下一張又一張照片，原來祕境就在不經意的巧合下遇見。

Hsinchu

information

🏠 新竹縣竹北市頭前溪96-3號

🥾 ★☆☆

📣 小叮嚀：如遇水流湍急，切勿下岸。

十二寮天主教堂
沒落後的美感，遺世在湖畔邊的廢墟教堂。

　　旅遊台灣各地，除了景點，我們也喜歡造訪教堂。每一間都有著各自的風格與樣貌。有些教堂歷經重修改建後，以嶄新樣貌示人，但有些教堂卻面臨截然不同的命運，直到荒廢而漸漸被遺忘，十二寮天主教堂便是其一，而今獨特的沒落美感，成為攝影迷的外拍勝地，不論是婚紗、人像、COSPLAY等，吸引許多人前來拍攝，也有不少網美前來打卡朝聖。

⚲ How to go

十二寮天主教堂位於新竹峨眉鄉，緊鄰峨眉湖畔以及大自然文化世界，沿著台3線行駛到峨眉鄉，彎進竹43縣道後，沿著鄉間小路行駛，直到接上竹81縣道，望著遠方一尊閃著金黃的碩大彌勒佛，彷彿騰雲駕霧佇立在樹林之上，那便是大自然文化世界。一邊沿著峨眉湖畔行駛，一邊欣賞著湖光水色，最後接上竹49縣道，便可以在左手邊看見一棟植被攀附、雜草叢生的橘瓦教堂。

■獨特的愛爾蘭十字架，仍舊屹立著。

Hsinchu

information

🏠 新竹縣峨眉鄉竹49鄉道

🚶 ★☆☆

■這一幕，是最多人取景的角度。

■灰白牆那破碎的玻璃窗，帶點滄桑。

◎這裡，真美！

　　十二寮天主教堂興建於1963年間，是早期新竹地區教堂之一，當時發放著美方援助的麵粉，當地居民將麵粉做成饅頭，帶動在地的烘焙業，直到美方不再發放麵粉，教堂也漸漸沒有信徒前來禮拜而逐漸荒廢。

　　第一眼看見「十二寮天主教堂」時，儘管沒有印象中教堂的華麗與新穎，卻也不失寧靜而安定的氛圍，橘色屋瓦在攀附的綠色植被以及發著湛藍的天空下顯得搶眼，妝點著圓拱門窗以及十字架的灰白牆，稱職地陪襯著，屋瓦上佇立著愛爾蘭十字架，顯得獨特。十二寮天主教堂為經典的地中海式建築，包含長廊、圓拱、鏤空等，一側的長廊串連著無數圓拱門連接至末端，牆上鑲著半圓的圓拱窗，以及最前方的十字架玻璃窗。

　　小心翼翼地穿越草叢，從最前頭的圓拱門走進長廊，經過一扇又一扇拱門，直到進入教堂內部，沒有印象中排列整齊的長椅，而是空無一物的空蕩，上頭的屋頂掉落了幾片橘瓦，引進些許光線，原本應是繽紛鮮艷的彩繪玻璃，也破碎得僅剩骨架，讓陽光直射撒落，帶著些許斑駁與滄桑，對稱的殿堂是最多人取景的地方，隨著外頭的天氣變化，陽光時而顯露時而被白雲遮蔽，讓這樣簡單的場景也有了多變的氛圍，不禁令人想起周杰倫的《世界末日》，或許頹廢也是另一種美。

東安古橋

連接的不是兩端，而是通往日治的時光。

　　每每看著日劇，總有幾幕男女主角漫步在橋樑上，下方溪水源源不斷流動著的風光；抑或三五同學在橋下愜意漫步，走累了隨意找一塊空地而坐，肩並肩天南地北地聊著彼此，彌漫著一股天真浪漫的青春氛圍。在新竹一處河川便有一座別具日式氛圍的橋樑，兩側排列整齊的欒樹，在秋季時幻化五色姿態，走在上頭宛如日劇那一幕場景。

○How to go

　　東安古橋位於新竹關西，緊鄰關西市區，為一座人車通行的橋樑，橫跨牛欄河兩端，與國道三號、台3線形成一處夾角，造訪顯得容易許多。行駛在國道三號至關西出口下交流道，繼續沿著118縣道而行，直到接上中山東路，眼前那座橋樑便是東安古橋。

Hsinchu

information
🏠 新竹縣關西鎮中山東路
🚶 ★☆☆

◎這裡，眞美！

橋上人來人往、車水馬龍，沒想到順著橋旁小路下到牛欄河邊，卻顯得清幽許多。走在一側的步道上，望著獨特的五孔石造拱橋，別有幾分懷舊復古的日式風格。東安橋古名「彩鳳橋」，建立於日治時期昭和二年（1927年），橋樑建材全採自當地的方解石，每一塊方解石的紋路與色澤皆不盡相同，卻也因此造就橋身獨特的古典美。當年落成時，關西陶社曾向全台徵詩，蔚為一時之盛，但後來隨著時光流逝漸漸褪去風華，直到重新整治，並在牛欄河設置親水公園，一邊漫步在親水公園的秀麗景致，一邊欣賞東安古橋的典雅造型，後來更躍上近幾年來的賣座電影《我的少女時代》，電影中也曾到此取景拍攝。

正值傍晚時刻，牛欄河兩側步道有不少在地居民漫步著，我們也入境隨俗地走在其中，望著東安古橋的橋身，細細品茗著每一塊方解石的紋理，下方溪水緩緩流動，清晰倒映著橋身，一旁的欒樹樹梢上，時而金黃時而瑰紅，微風輕輕拂過雙頰，同時搖曳著欒樹的五色姿態，看著上頭才剛放學的學生，倆倆並肩而行，宛如日劇那一幕場景，讓人有種置身日本的錯覺。

■綿延數公尺，欒樹點綴上了五色。

■獨特的石造拱橋，別有日式氛圍。

崎頂子母隧道
置身神隱少女場景，一闖神祕漆黑隧道。

在《神隱少女》故事的開端，千尋一家
來到一處植被包覆的綠色隧道，故事的一
切就從這裡展開，而我們也因為這一幕，
展開了一處祕境探索。如果你是千尋，你
有勇氣走進漆黑的隧道嗎？

○How to go

崎頂子母隧道位於苗栗海線的竹南鎮，於崎頂車站
下車出站後，沿著鐵軌一旁的小徑走，約莫5至10分
鐘便可抵達。

崎頂子母隧道早期是海線主要鐵路的必經隧道，民
國64年推動鐵路電氣化工程，因子母隧道淨空不足，不
利電氣化工程，加上隧道寬度不足，基於行車安全考
量，所以將路線西移，廢棄了原本的崎頂子母隧道。

Miaoli

information

🏠 苗栗縣竹南鎮

🚶 ★☆☆

◎這裡，眞美！

一抵達子母隧道，伴隨兩側的樹林植被，延伸至漆黑的隧道口，不免讓人發出一陣驚呼：「也太像了吧！」如今看見的景致是子母隧道廢棄後，經過周邊環境整理，重新開放而打造成崎頂隧道文化公園，想必當初廢棄時，茂密叢生的植被肯定與神隱少女劇情開端的隧道更為相似。

駐足隧道口，期待看著火車從一旁的鐵路行駛而過，海風卻像慫恿著我們繼續往前，不斷地從後頭推著我們走進隧道口，不禁令人想起神隱少女裡頭的劇情，帶著既期待又害怕的心情緩緩走進隧道。裡頭海風不斷地吹拂，顯得十分涼爽消暑，一步一步向前，儘管前後的隧道口亮著光明，但隧道中段幾乎一片漆黑，猶如與世隔絕，前後隧道中間包圍著一處綠色廊道，兩側樹木高聳，遮蔽著原先的海岸線景致，彷彿置身在一片綠色世界裡。

一旁的菩提樹苗下，會不會躲著亂入的龍貓？

崎頂子母隧道鄰近崎頂車站。

45

磐頂教會

讓心中的信仰，
化身成為末日來臨的諾亞方舟。

　　記載於《希伯來聖經·創世紀》中，諾亞方舟載著動物們躲過災難，而在我們熟悉的台灣，竟也有三艘諾亞方舟！當然這三艘並非真正的船，而是以諾亞方舟為概念所設計的船形教堂，造型十分特殊，其中一艘鄰近台中最知名的「路思義教堂」，在末日來臨之前，成為寄託心靈的重要場域。

▓教堂正中間有著散發寶藍色微光的十字架。

想像自己便是亞當與夏娃，即將登上諾亞方舟。

♀How to go

「磐頂教會」位於台中龍井區，從台中市區驅車前往，沿著台灣大道行駛，會先造訪東海大學、東海商圈等，而磐頂教會在商圈不遠處，從大馬路拐進小巷子便可遠遠看見一艘船停泊在樹叢上，白底藍線的船身與藍天白雲相互陪襯，我們隨著教會活動歌頌著的音樂，緩緩地向教堂邁進。

◎這裡，眞美！

潔白船身勾勒著地中海藍，底下漸層色的藍，象徵著乘風破浪的浪花意象，牆上懸掛著船錨與救生圈。在聖經中，錨代表信心將要扎入磐石之中，救生圈則是維繫生命的象徵。

越過拱門後，高聳船身擋下吹拂而來的風，頓時間安靜了下來，一股安全感不禁油然而生，教堂裡頭如出一轍的潔白，搭配地中海藍的線條，中間透著微微寶藍色光的十字架，顯得格外特別，耳邊繚繞著聖歌旋律，踏進教堂宛如踏上諾亞方舟，彷彿得到救贖，更有不少信徒雙手捧著聖經，誠心做著禮拜。

Taichung

information

🏠 台中市龍井區遊園南路361巷15號
📞 04-2631-2522
🕐 08:00~17:00（周一公休，每日開放時間不一，請上臉書或致電查詢）
f 磐頂教會
🚶 ★☆☆

🔊 小叮嚀：務必避免打擾教會活動

卡里善之樹

漫步彩色繽紛傘巷，
原來和美這麼近。

　　撐起傘的時候，大多時候的情緒都很負面，不論是陰鬱潮濕的雨季或是艷陽高照的酷暑，當雨水淋濕衣物，全身濕漉漉的感覺，或是太陽直射皮膚，刺痛得令人難耐，一把傘就成了戶外的防護罩，但在這負面情緒下，其實傘也帶著正能量。

　　葡萄牙有彩色繽紛藝術節，在街道上空掛起一把把七彩繽紛的傘，將蔚藍的天際點綴成五顏六色，但這樣的美景其實台灣也有！在彰化一處巷弄，同樣把繽紛的七彩傘掛上天際，同時以「爲愛撐傘」爲主軸，打破了「傘」等於「散」的迷思，希望在雨季或夏季，都能爲心愛的那個人撐上一把傘。

■漫步在紅磚的溫度，傘下的沁涼。

○How to go

想一睹繽紛的傘巷，可不必大老遠飛到葡萄牙，只需要沿著高速公路開往彰化和美，目的地設定為「卡里善之樹」即可。但「卡里善之樹」跟傘巷究竟有什麼關係呢？

其實「卡里善之樹」是由一家以製作雨傘為主的工廠創造出來，在原有的木頭上插上五顏六色的傘，同時打造以「彩虹屋Rainbow House」為名的觀光工廠，並將觀光工廠旁的巷弄打造成傘巷。

說是觀光工廠，它其實更像一處保有溫度的老宅，從大馬路沿著指標拐進小巷弄，沿途看著以傘打造的捧花，伴隨著一塊塊溫潤的紅磚，直到看見「卡里善之樹」。

■除了拍照，還可以體驗DIY彩繪傘。

■每一隅都像童話故事般夢幻。

◎這裡，真美！

硕大的「卡里善之樹」，打上一把把繽紛的傘，彷彿熱情招呼著每一位到來的旅客。在陽光照射下，一旁的巷弄閃著七彩色澤，飽和而鮮豔的七彩傘，硬是在純樸的紅磚巷弄打上一層陰影，隨著微風吹拂，搖晃的同時搖曳著影子，走在巷弄，心情頓時開朗雀躍不已，步伐也跟著愉悅起來。

一旁老宅打造的「彩虹屋Rainbow House」，點綴著不少粉嫩色物品，讓整個空間彷彿童話故事中的小屋，二樓則可以體驗彩繪傘DIY，情侶們不妨用獨一無二的傘為心中那個人撐傘，走在繽紛傘巷裡，兩顆心也愈來愈近了！

Changhua

information

🏠 彰化縣和美鎮孝義路391巷5號

📞 04-735-8038

🕐 09:00～12:00，13:00～17:00，
周三、四公休

f 卡里善之樹-為愛撐傘

🚶 ★☆☆

■昏黃的光線灑落在古老的物件上。

遇見幸福

能不能有一次偶遇，讓我們彼此相遇？

　　幸福是什麼？是伸手可及的事物？是想起來會不自覺嘴角上揚、微微一笑的感覺？抑或是跟什麼人在一起？就算只是與對方一起望著同一片天空發呆；那麼，幸福又是什麼顏色呢？少女般的粉色？潔淨純白的白色？或是鮮艷熱情的紅色？那又是何時能遇見幸福呢？讓我們造訪這一處園區，尋找內心疑惑的答案，尋找可預見的幸福吧！

鄉村風的別墅，
像是身處異國。

○How to go

　　位於彰化市的「遇見幸福」坐落於山頭上，沿著137縣道拐進一處山路緩緩而行，只見周邊別墅林立，就在我們驚歎這裡宛如異國般的渡假村時，一棟潔白建築物搭配歐風別墅，同時映入眼簾，原來這裡是彰化的婚宴會館之一。

清一色潔白的建築，作為婚宴會館使用。

Changhua

information

🏠 彰化縣彰化市大埔路2巷126號
📞 04-713-9191
🕙 10:00～20:00，周一公休
f 遇見幸福Meet Happiness
🚶 ★☆☆

◎這裡，真美！

　　放眼望去，「遇見幸福」全採用蒂芬妮綠搭配純潔的白，別具浪漫氛圍，在一片潔白下卻又隱藏不住其中的繁複，精緻的柱頭雕花搭配上方洋蔥式圓頂，點綴些許金黃，不論是廣場前斗大的「遇見幸福」四個字，或是園區裡的每一棟建築，每一處就像是劇組為了拍攝偶像劇所搭設出來的場景，簡單取景便成為一張張浪漫劇照，因此也吸引不少閨蜜、情侶前來拍照。我想，這應該就是遇見幸福的感覺，就是幸福的顏色吧！

53

星空童話木屋
將幾米星空的感動，封存在小小的木屋。

　　台灣知名插畫家「幾米」，以療癒、童趣的畫風訴說著一則則扣人心弦、令人省思的故事。2011年，更在林書宇導演執導下，將其作品《星空》拍成感動人心的電影，到台灣各地取景拍攝。其中一幕男女主角走進深山，為了尋找爺爺的木屋，這一幕竟然是在嘉義奮起湖拍攝，當電影殺青，木屋原封不動地保留在奮起湖老街，至今被取名為「星空童話木屋」，將電影的感動封存其中。

■這樣的藍，喚起了電影的記憶。

○How to go

嘉義的奮起湖與阿里山，幾乎是無人不知無人不曉的知名景點。不少國內外旅客搭上小火車，到奮起湖品嘗一口鐵路便當，甚至再往裡頭造訪阿里山，欣賞千年神木群以及粉紅櫻花，或是住上一宿欣賞日出雲海。「星空童話木屋」便位於奮起湖老街，不論是搭乘火車或自行開車，往奮起湖的方向行駛，接著步行進入老街，走到最底後繼續往下，就會看到這一棟藍色小屋。

■裡頭的每個物件，勾勒起電影的感動。

■時間，靜止了；記憶，被封存了！

Chiayi

information
🏠 嘉義縣竹崎鄉中和村第四鄰奮起湖49號
🕐 09:00～16:00
🚶 ★☆☆

■透著窗戶的採光，照映在工具上頭。

◎這裡，真美！

電影裡頭，男女主角好不容易找到了爺爺的木屋，當女主角緩緩推開木門時，兒時的記憶瞬間湧上腦海。而今，我們推開這扇木門，當初觀看電影的感動化作眼淚湧上眼眶，裡頭的景物似曾相識卻又帶點不同，不變當初看電影時被感動的氛圍。

看著爺爺的工作桌上凌亂擺放著各式各樣工具，女主角的小書桌上翻閱到一半的書籍，以及書櫃上的一書一冊，將電影中一幕幕重新從記憶中喚起，午後陽光透著窗戶灑進室內，沒有點上半盞燈光的木屋，透著舒適的光線，將整個氣氛堆疊至另一個層次。

經過奮起湖老街的喧囂，漫步到了鮮少遊客駐足的木屋，原本震耳欲聾的吵雜，瞬間消失，取而代之的是一股寧靜的氛圍，駐足木屋旁，我靜靜地用手機重新觀看電影片段，電影中的場景忠實呈現在眼前，一床一椅、一書一冊，看電影時的感動滿溢了出來，久久不能平復。直到再度步出木門，望著上頭的時鐘停留在某個時刻，像是紀錄著那份感動的剎那，而我也將心中的感動停留在這裡，為今日的探訪，留下最深的印記。

主基督榮光教會
繁華細緻的浮雕，妝點在壯闊的城堡。

翻開歷史，一篇篇記載著台灣曾受不少國家佔領統治，因此有著多元族群以及文化，宗教信仰更是多元，常見的像是佛教、道教、天主教和基督教等等，除了廟宇，教堂也隨處可見，每次造訪教堂，總讓我們對其獨特的造型深感興趣，每間教堂彷彿都有自己的個性與氛圍，造就出各種建築式樣，至今前前後後也造訪近數百間教堂，其中位於台南巷弄之中的這一間，可說是截至目前看過最華麗、最壯觀的教堂，就像童話故事裡的城堡，讓我們目瞪口呆、驚呼連連。

■教堂正面同樣以對稱式樣呈現。

牆面點綴著許多繁複的裝飾。

○How to go

「主基督榮光教會」在台灣南北各有一間教堂，北台灣位於新北市板橋區，南台灣則位於台南市東區，這次造訪的是位於南台灣的榮光教會。隱身在巷弄的華麗教堂，儘管緊鄰台1線，車水馬龍的路線旁，若不是刻意尋找、造訪，我想只有迷路時才會不經意地發現它的存在。那我們又是怎麼發現它的呢？全因為台南朋友知道我們喜歡造訪教堂，拍攝、收集每一座教堂的建築造型，特別告知台南有一間超級豪華的教堂。聽他形容得如此誇張，卻也勾起我們的好奇心，心想這麼厲害的教堂，怎麼會從來沒有聽聞過呢！

於是這天從台南市區出發，反覆與朋友確認位置，一路順著182縣道行駛，沿途欣賞著台南府城別具特色的日治時期建築，時而繁華的巴洛克式，時而古色古香的紅磚造型，直到接上台1線，轉進一處巷弄之中，正當我們調侃著：「這裡有間有錢人的別墅耶！」沒想到建築上頭寫著斗大的「主基督榮光教會」，著實讓我們瞪大了眼睛，趕緊打上方向燈，尋找停車處。

■襯著教堂拍攝，一張張都像置身歐洲。

📷 這裡，真美！

隱身在巷弄裡的「主基督榮光教會」，壯觀的建築造型，彷彿與周遭房屋格格不入，就像是在森林小徑中，不經意地發現遠方有著國王的城堡般，方方正正的建築猶如莊園城堡，上頭裝飾著許多羅馬柱，柱上細緻刻畫了華麗的裝飾，站在教堂正面拿起相機，試想把一切裝進觀景窗裡，儘管已經退到貼著對面房舍的鐵門，鏡頭卻依舊裝不下如此壯碩的建築。

光是教堂的正面，就足以讓我們歎為觀止，繞過教堂側面，更讓我們驚呼連連，碩大的牆面點綴了更多裝飾，細膩刻畫著繁花、水果、鴿子等圖案，更有不少皇冠以及盾牌，猶如皇家城堡般的象徵，上頭則開著一扇又一扇方窗，方窗裡以彩繪玻璃呈現，窗框上還有著各種裝飾，雖然整座教堂以清一色的灰階呈現，卻更能顯現出充滿榮耀的富麗繁華，望著側邊看不見的盡頭，彷彿比起一座操場還要寬敞。

走上一遭，才發現朋友形容的實屬保守，儘管教堂平時並未對外開放，但光是外觀的裝飾，便足以讓我們欣賞好一段時間。隨意襯著教堂拍攝打卡，想必會讓人誤以為偷偷出國到歐洲吧！看著每一個裝飾的細膩程度以及各自象徵的意象，都令人嘖嘖稱奇，更讓我們好奇裡頭的景致，心想哪天會不會有機會親自入內一探究竟，細細品味教堂的建築美學，再次顛覆我們對於教堂的想像。

■乍看之下以為是私人別墅大門。

Tainan

information
🏠 台南市東區中華東路三段
  107巷23號
🚶 ★☆☆

📢 小叮嚀：務必避免打擾教會活動

新營美術園區

漫步七彩長廊，來首童年狂想曲。

　　2016年Pantone破天荒選用玫瑰石英粉紅色和寧靜粉藍色做為年度代表色，讓不少景點充滿了粉嫩氣息，瞬間席捲Instagram，看著版面滿滿的粉嫩色系，顯得格外浪漫。近年來有不少景點重新換裝，用繽紛彩虹色妝點，不論是一堵牆、一處樓梯，都讓Instagram版面顯得繽紛許多。在台南有一處裝置藝術，同樣以七彩做為色彩元素，搭配不二良知名的小鼠公仔，讓原本僅有翠綠一色的公園，頓時煥然一新，多了幾分歡樂朝氣與活力生機，成為Instagram最夯的打卡祕境。

■隨意一處都非常好拍。

■長廊裡隱藏著各種色彩的不二良小鼠。

♀How to go

　　這處七彩長廊就位於台南新營，坐落新營市區一處人行道上，讓原本只是居民休憩散步的場所，多了幾分色彩與新意。在地理位置上，新營鄰近便是嘉義縣，相較之下從嘉義市區出發顯得方便許多，或是行駛國道一號從新營出口下交流道，沿著往新營市區的復興一路行駛，交會在公園路，便可以看見繽紛的彩虹長廊，以祕境來說不算難找，但不說也沒有人知道。

■不同色彩有著不同風格。

information

♠台南市新營區公園路
　一段

🚶 ★☆☆

◎這裡，真美！

　　七彩長廊坐落在一片翠綠草皮，緊鄰馬路的一側為鮮紅色，顯得格外搶眼吸睛。行駛在馬路上，遠遠便將眼球吸引住了，長廊入口坐著一隻紅色小鼠公仔，彷彿與長廊做搭配，原本以為整座長廊會將七彩依序分配，而小鼠也同樣按照七彩輪流現身，沒想到綿延數百公尺的長廊，把七彩的漸層帶不斷來回妝點，彷彿永遠都猜不到下一隻露臉的小鼠公仔會是什麼顏色，更讓人一直惦記著什麼顏色還沒出現過，抱持著非得把它找出來不可的心情。漫步在七彩長廊之間，望著「ㄇ」字形框架不斷延伸，時而漸漸縮小，時而漸漸放大，就這樣不斷來回循環，看似進入哆啦A夢的時光隧道，儘管沒有小鼠公仔搭配，光是襯著長廊的每個色彩，就足以讓人一拍再拍。

　　邊拍邊尋找地漫步著各色小鼠，直到最末端的出口，早已想不起來是否集齊了七彩小鼠，沒想到最後面還有一處大型裝置藝術，原來這處長廊不是時空隧道，而是哆啦A夢的縮放隧道，將一開始入口處的紅椅，放大成超大型鮮艷紅椅，就連課本與鉛筆也都放大了數倍，小鼠們就這樣淘氣地在上頭攀爬，一側的攀岩場上也都可以看見小鼠的身影，原來這處名為「童年狂想曲」的裝置藝術，實際走過一遭，彷彿在不知不覺間找回了赤子之心，找回了童年的天真，更讓人忘卻煩惱，充滿歡樂與歡笑。

鳳山長老基督教堂

隱身巷弄，氣勢磅礡的哥德式尖塔城堡。

　　每次旅遊外縣市，我們都會尋找當地特色教堂，有些造型獨特、有些氣勢磅礡，更有以諾亞方舟為主題的船形教堂，對於喜歡拍攝建築的我們而言，每每為之著迷。這次走訪高雄鳳山，意外在巷弄之中發現這麼一處哥德式教堂，莊嚴典雅不說，完美的對稱設計，如果不是掛上十字架，真的會令人以為這裡是私人城堡。

How to go

「鳳山長老基督教堂」位於高雄鳳山，鄰近有不少觀光景點，像是「鳳儀書院」、「大東文化藝術中心」等，搭乘捷運也非常便捷，但因為隱身巷弄，且廣場為內凹設計，而被民宅遮蔽，不仔細尋找，真的很容易擦身而過，讓人很難發現這裡竟然藏著一棟高聳的哥德式教堂。

■兩旁的尖塔，彷彿高聳入雲。

■陽光灑落，一扇扇尖拱窗透著寶藍。

Kaohsiung

information

🏠 高雄市鳳山區中正路172號
📞 07-746-2676
📘 鳳山基督長老教會
🚶 ★☆☆

🔊 小叮嚀：務必避免打擾教會活動

■宛若置身歐洲的華麗城堡。

■搭配後方的教堂格外好拍，一張張都宛如漫步在宮廷城堡之中。

◎這裡，真美！

從外觀看去，像座私人豪宅，對稱的花崗岩雕花大門，門柱上妝點一隻隻象徵和平的鴿子，走進大門會先看到一個寬敞的廣場，沿著扇形階梯即可進入教堂。不論教堂本身或是延伸而出的扇形階梯，抑或兩側的路燈裝飾，在在展現出對稱建築美學，白色牆身透著湛藍的玻璃帷幕，襯著身後的藍天，典雅之間襯托著純潔的意象，要不是建築上頭碩大的十字架提醒我們，剎那間還以為來到私人城堡。

沿著階梯而上，像是走在星光大道，短短幾階卻讓我們走上數十分鐘，搭配後方的教堂格外好拍，一張張都宛如漫步在宮廷城堡之中，不斷來來回回、爬上爬下，任由食指不停按著快門，時而抬頭仰望，仿哥德式的雙塔結構尖聳天際，正面巨大的十字架像是蘊含著撫慰人心的力量，是信徒們強力的心靈後盾。

建築側邊有許多陽台，低的陽台搭配筆直高聳的玻璃拱窗，有如童話故事裡公主被拘禁著，等待王子、騎士前來解救；較高的陽台則像是即將上演長髮公主脫逃的橋段，塔頂不時飛過一群鴿子，搭配如此壯麗的建築，就像在歐洲拍攝電影，每個角落都讓人忍不住按下一張又一張的快門。

高士神社
站在距離天空最近的白色鳥居。

旅遊日本，不少人會特地至知名的神社、鳥居參拜、拍照，經典的紅色搭配些許的黑，做為旅遊日本最具象徵的代表地標。台灣因為早期受日本統治影響，曾興建不少神社以及日式建築，在屏東一處高山，坐落著一座神社，背後隱藏著一段「赴戰前的約定」的故事，前方更佇立了一座潔白的鳥居，美得猶如仙境。

How to go

「高士神社」位於屏東牡丹鄉,以地理位置來說,是鮮少旅客會造訪駐足的地方,不論是沿著199縣道或200縣道,都必須花上一段車程才能抵達,卻也因此讓高士神社一帶保有寧靜而清幽的氛圍。

這天正好是我們環島插旗極南點的隔天,拐過台灣尾後,一路準備往台東市區挺進,沿著200縣道進入滿州鄉,周圍從熱鬧喧騰的氣氛轉為寧靜而鮮少旅客的清幽,驅車在山路間,樹蔭遮天顯得十分涼爽,約莫行駛十來分鐘,一處岔路轉進高士路,緊接著便是連續的爬坡彎路,直到經過一處排列整齊,近似日本合掌村的聚落,抬頭仰望,潔白的鳥居便佇立在天際。

這裡,真美!

陡峭的雪白石階一路向上,末端緊接著一座潔白鳥居,每每造訪宗教聖地,不論是廟宇或教堂前長長的樓梯,總讓人想起「天將降大任於斯人也,必先苦其心志」這句話。爬了許久,終於到了達鳥居下方,一座木造神社佇立後方,四周放眼望去滿是翠綠山頭,連接著藍天與白雲,鳥居顯得格外夢幻,如詩如畫。

牡丹鄉總讓人想起歷史課本上那一則熟悉的「牡丹社事件」,高士神社背後的故事,發生於二次大戰,正當日本準備出

■一棟棟規劃整齊的房屋,有幾分日本村莊的氛圍。

■襯著藍天綠地,白色鳥居顯得夢幻。

Pingtung

information

🏠 屏東縣牡丹鄉高士路50號

🚶 ★☆☆

兵攻打台灣時，即將出征的役男與家人互別，並相約「如果我回不來了，以後就來神社相見」，未料神社卻在戰後毀損、荒廢，直到部落耆老發起重建的活動，希望藉由重建神社實現親人的遺願，才在2015年重建，並在隔年豎立鳥居，成為台灣戰後第一座供奉神祇的神社。

站在神社與鳥居中間，可以感受到一股寧靜氛圍，一股屬於祕境的靜謐。望著潔白的鳥居在藍天白雲映襯下，已經不足以用「像是日本」來形容，而是有種彷彿置身仙境的錯覺。放眼望去，在海平面上頭，依稀可見蘭嶼以及小蘭嶼的身影，登上一旁的觀景台，將高士部落、神社、鳥居盡收，一棟棟規劃整齊的房屋，有幾分日本村莊的氛圍，獨特的造型更像合掌村般，望著鳥居在一片翠綠中顯得耀眼，遠處則是漸層的藍海，拼接著藍天白雲，美不勝收。在這裡，你可以選擇靜靜地在神社前祈禱；可以在觀景台上眺望美景；可以駐足在距離天空最近的白色鳥居前，按下一張張猶如仙境般的美照，打從心底發出讚歎，原來台灣也有這樣的仙境。

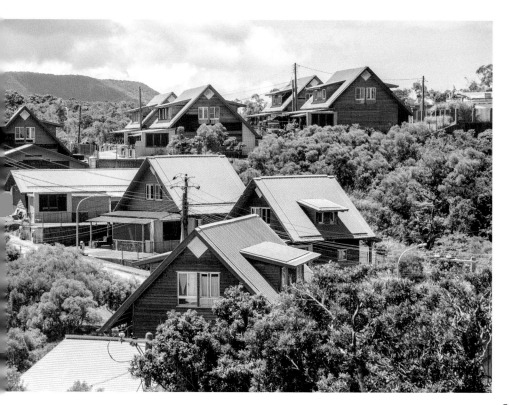

加路蘭海岸

隱身在東岸的飛行器，在湛藍中飛翔。

　　每每造訪東部，總讓人有種放鬆、愜意的感受，遠離都市叢林、阻隔市區喧囂，乘著風奔馳在海岸公路上，宛如自由自在的鳥兒乘風飛翔，望著一側藍色天空連接著湛藍海水，拍打在石岸邊激盪出一波波白浪，另一側則是群山綿延，時而翠綠時而沉綠，直到一處綠地，裝置著猶如飛行器的藝術品，看似降落棲息又像即將起飛，渾圓的曲線彷彿帶著療癒的功效，讓人身心靈放鬆。

○How to go

　　「加路蘭海岸」位於台東市海岸線，沿著台11線往花蓮行駛不難發現它的存在，沿途行經富岡漁港、小野柳風景區，緊接著便是加路蘭海岸，卻因為路樹遮蔽以及地勢影響，加上臨海而筆直的公路，讓不少旅客呼嘯而過，錯失了這處位於東海岸的靜謐祕境。

■簡單的線條與石頭，欣喜地舞動著。

■一顆顆鵝卵石猶如白浪延伸。

■是停靠或是夢想正準備起飛？。

◉ 這裡，真美！

「加路蘭海岸」的命名取自台東縣著名的阿美部落「加路蘭社」，屬於wawan的分社，起初因為wawan社族人每日在部落附近的溪裡洗頭，由阿美族語karon（洗頭）加上an（場所），拼起來就是「kararuan」（族人洗頭的地方）。而現在的加路蘭海岸，經由東管處多次規劃整理後，設置了不少裝置藝術，讓旅客可以駐足停留，一邊欣賞東岸景致，一邊與裝置藝術拍照留念。

沿著翠綠的草地行走，遠遠便可看見一根根漂流木矗立草地上，直聳天際，上頭站立著一個個人形裝置藝術，彷彿望著大海歡欣鼓舞。順著海岸線行走，望著湛藍海水拍打礁岩而激起一陣白色浪花，伴隨著聲響，直到一支支插著鵝卵石的支架，順著岸邊高高低低起伏，猶如樂章裡頭的音符，直到最後頭的漂流木裝置藝術，渾圓的身軀看來格外療癒，像是小豆苗的葉片，彷彿會順著風而轉動起飛，就像哆啦A夢的竹蜻蜓，自由自在地在天際間飛翔。靜靜地漫步其中，細細體會每個裝置藝術的涵義，望著無邊際的大海，雖然沒有祕境般的神祕，卻有著鮮少人知的靜謐，讓人不知不覺待上許久，望著藍天發呆。

Taitung

information
🏠 台東縣台東市
　台11線
🚶 ★☆☆

二層坪水橋
坐落翠綠稻田間的台版萬里長城。

　　萬里長城是中國一大文化遺產，更入選為世界新七大奇蹟。在台灣東半部則有一處建設，雖然沒有萬里長城來得長，卻在一片翠綠中顯得耀眼；雖然也沒有絲路橫跨這麼多國家，卻是在地農夫賴以維生的水路，灌溉了周圍的百頃稻田，也滋潤了在地的農業經濟。

■一道磚紅長城坐落翠綠稻田之中。

♀How to go
　　二層坪水橋就在鹿野高台不遠處，行駛在台9線，沿著瑞景路一段奔馳在一塊塊猶如綠色拼布的稻田之中，遠遠便能看見這座磚紅色長城，彷如綠色拼布上的紅色縫線，猶如萬綠叢中「一抹紅」。

information
🏠 台東縣鹿野鄉
　　瑞隆村坪頂路
🚶 ★☆☆

■磚紅色的長城，點綴著白色線條。

◎ 這裡，真美！

　　沿著二層坪水橋一旁的道路行駛，漸漸發現水橋緩緩升高，直到看不見上頭的水路，取代的是一塊塊磚紅色磁磚，妝點著一條條白色線條，全長約六百公尺，造型倣造南投糯米石拱橋，並以文化石做為橋面裝飾，不僅有引流灌溉的功用，更成為台東鹿野別具特色的觀光景點。

　　漫步到末端的瞭望台，可以看見整座二層坪水橋蜿蜒在一大片翠綠稻田之中，前方是滿滿的翠綠稻田，後方襯著山巒景致，當臉頰感受到一股微風徐徐吹過，耳邊也傳來一陣稻浪的聲響，不時還能看見火車從中間緩緩駛過，而在稻穗熟成時，金黃稻穗遍布的景致更吸引人，彷若磚紅色長城坐落在金黃之中。

■蜿蜒的長城，上頭是灌溉的水路。

■祕境就在蜿蜒的山路之後。

旭海觀景台
望著太平洋的漸層海，
看著山巒層層相疊。

你心目中療癒舒心的畫面是什麼？看著翠綠的草原，隨著風時而左右擺動，時而微微晃動；抑或正值熟成季節，稻田裡的金黃稻穗，在陽光照射下搖曳金光，時而發出一陣陣稻浪的聲響；或是冬季時期，隨風緩緩落下的浪漫粉色櫻花、橘色楓紅的「楓」景……，而我們在台灣東半部找到屬於夏季的療癒，一個藍色調的慵懶療癒氛圍～

♀How to go

離開極南點的鵝鑾鼻燈塔，繞過台灣尾，順著東半部北行，經過一連串的山路接上台9線的南迴公路，一路從茂密的山林行駛到突然開闊的海平面，再沿著台26線緩緩而行，一邊是翠綠的山巒樹林，一邊是湛藍的漸層海景，跟隨導航的指引走上蜿蜒崎嶇的小路，僅僅一輛車的路寬，伴隨著兩側樹叢，時而竄出石龍子、蜥蜴與我們打招呼，直到一處平坦的空地，我想我們到了！

Taitung

information
🏠台東縣達仁鄉
　台26線
🚶★☆☆

◎這裡，真美！

　　崎嶇小路旁，一座宛如愛心形狀的觀景台，背後襯著東半部的太平洋，從碧藍、蔚藍直到湛藍，在海平線上，連接白雲的是屬於天空的藍。視線轉回岸邊，一波波海浪形成的白色浪花，沿著海岸線不斷攀沿，沙灘後面則是層層相疊的山脈，隨著一層又一層的推進，彷彿抽掉些許的飽和、些許的不透明度，直到與白雲融為一體，而原本行駛著的台26線不斷向南延伸，駐足觀景台眺望，就像是一條攀附、蜿蜒在山坡上的巨龍。

展開雙手擁抱太平洋。

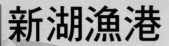

新湖漁港

雪白的消波塊，
是通往大海的時尚伸展台。

　　台灣四面環海，不論本島或離島，各處海岸線景致截然不同，每每令人陶醉且流連忘返。海邊或漁港總有許多奇形怪狀的岩石，有些擺放凌亂，有些則是整齊排列，這些石頭稱爲消波塊，又稱作肉粽角，目的是用來減少因海浪拍打造成侵蝕而掏空漁港地基或破壞海岸。金門有處漁港，整齊排列的消波塊，宛如通往大海的時尚伸展台，這裡可是個連在地人都鮮少知道的美拍勝地。

■趁著後方的軍事碉堡，顯得氣勢十足。

○How to go

　　這一處消波塊祕境在地圖上完全沒有標示，循著一一詢問的線索逐步拼湊，原來是位於金門金湖鎮的新湖漁港。於是我們驅車前往，看著地圖上的位置，這裡除了當地漁民，應該連在地居民也很少會駐足，更別說是來金門觀光的旅客。

　　沿著漁港左側堤防邊緩緩前行，沿途的消坡塊讓我們懷疑是不是已經到達，直到我們來到一處碉堡，原來真正的祕境就藏身在碉堡後方，幾乎就是堤防的最底端了！

Kinmen

information
⌂搜尋「新湖漁港安檢
　所」，左側堤防到底。
🚶★☆☆

⊙ 這裡，真美！

旅遊金門、馬祖等軍事風情較濃厚的島嶼，總是令人膽戰心驚，深怕一個不小心便誤闖營區。仔細觀望碉堡，似乎已經荒廢許久，但困擾著我們的難題還在後頭，眼前這處消波塊是第二層，因此想走在上頭必須先爬上比人還高的第一層消波塊，費了九牛二虎之力，我們終於站在上頭。

太陽反射在雪白的消波塊上，宛如星光大道的鎂光燈，一塊塊消波塊緊緊相連，構成延伸感十足的走道，最外側甚至擺放了第三層消波塊，使得整個走道呈現V字型，壯闊的景致就像是摩西分紅海，消波塊成了劈開後的白浪。

雪白的消波塊不斷延伸，襯著後方粉藍色的大海與天際，而走道最末端有著顯眼的一抹紅，紅燈桿為整個畫面點綴出一絲色彩，整個畫面看起來十分舒心，伴隨著兩側一波波海浪拍打，要不是艷陽熱情地為我們打著光，這一刻十分忘憂。

走在上頭，就像走在通往大海的時尚伸展台，兩側的消坡塊反著陽光補上光，隨意一拍就像時尚雜誌般，簡約中帶點時尚與科技，回過頭，搭著斑駁迷彩的碉堡，兩側襯著比人還高的消波塊，整個氣勢磅礴，足以讓人一拍再拍，殺光底片。

■消波塊伸展台，穿著布鞋也寸步難行。

觀日步道
爬上金門小百岳，站在大武山的孤石上。

　　某次旅遊金門時，我們意外得知這裡有一座編號99的小百岳，雖然百岳不曾是我們的目標，但搜尋相關資料，發現山上的景致十分迷人，深深吸引我們，因此特地起了一個大早，準備一探鳥瞰金門的孤石！

○How to go

　　天還未亮，天空帶點微微的湛藍，我們悄悄出了民宿，順著導航前往大武山，由於玉章路為管制道路，未經申請上山都會被開罰，因此停妥車輛，沿著山路緩緩而上，時而平坦舒暢，時而陡坡難行，沿途還能遇見金門的經典地標「毋忘在莒」，不少人會選在這裡折返，但為了一睹觀日步道的孤石，我們繼續前行。

Kinmen

information
🏠 金門縣金湖鎮玉章路
🚶 ★☆☆

📢小叮嚀：玉章路為管制道路，未經申請行駛汽機車皆會開罰。

◎這裡，眞美！

天光漸亮，微藍的天色點綴上橘紅的漸層，沿著山坡走到觀日步道，一邊抬頭看著日出，一邊欣賞四周的山巒，直到一個轉彎處，我們終於看見那一顆孤石！站在孤石上，頓時彷彿來到不同的時空，四周植被、樹木林立，唯獨觀日步道寸草不留，而在這片光禿禿的山坡上，矗立著一顆唐突的巨石，彷彿專門為隱居深山的武林高手，來此練武打坐而量身定做的。

靜靜看著太陽從海平面上升，180度地將整個金門島嶼盡收眼簾，一坡坡山巒隨著距離若隱若現，想必在能見度高時，能清晰看見翠綠的高山與湛藍的海面。望著這份美景許久，按下一張又一張照片，將這份美景與感動收進底片與心裡。

■靜靜地等待太陽緩緩躍上海平面。

■倚著山崖而建的觀日步道，景致壯闊。

陳景蘭洋樓

歐風精雕白宮，薰陶在薈萃文風。

　　早期金門生活不易加上戰地動亂頻繁，大多數男生皆會朝南洋發展，事業成功後錦衣返鄉，在國外薰陶下，建設一棟棟別具洋風的樓房，其中的「陳景蘭洋樓」則是更具內涵。當時家鄉缺乏私塾，陳景蘭有幸至鄰村就讀私塾，原本想赴京趕考，卻在戰亂連年下無法成行，憤而遠至南洋發展，直到投資獲利，返鄉興建了陳景蘭洋樓（景蘭山莊），並成立尚卿小學，供家鄉子弟免費求學。

○How to go

陳景蘭洋樓位於金門金湖鎮，鄰近便是金門機場，由金門機場朝東方循著環島南路而行，便可抵達。在一片傳統的橘紅色閩南式傳統建築中，不難發現這棟潔白建築，比起一般平房建築，兩層樓高的陳景蘭洋樓硬是多出一截，因此遠遠就能看見洋樓雄偉地矗立其中。

■完工於1921年。

◎這裡，真美！

正正方方的ㄇ字大門，上頭寫著「金門官兵休假中心」，完工於1921年的陳景蘭洋樓，其實還有一段刻苦銘心的歷史。原先做為私塾教學使用，1937年發生盧溝橋事變後，被日軍強佔做為醫院使用，而後日軍在1945年投降於二次國共內戰，轉由國軍做為門診、病房之用，直到1959年正式成立為「金門官兵休假中心」，提供戰地官兵前來休假，讓潔白的洋樓陪伴著學生、醫生、軍人度過各種時期。

■宛如置身歐風別墅。

駐足陳景蘭洋樓前方，放眼望去全是一片白皙灰階，彷彿帶點微微的歷史薰陶，外牆是由金門當地蚵殼混以荷蘭進口水泥塗抹而成，點綴一扇扇鑲著深咖啡框架的靛青色窗戶，兩層樓結構融合羅馬式拱形外牆，以及閩南式門楣窗台，置身其中宛如漫步歐風異國的私人別墅。

■洋樓內部一景。

Kinmen

information

⌂ 金門縣金湖鎮正義里
📞 08-232-4174
🕐 08:30～17:30
🚶 ★☆☆

北山播音牆

48孔的呼喊，也喊不盡我對你的思念。

　　曾發生1949年的古寧頭戰役、1958年的八二三砲戰等著名戰役，金門一直是台灣的第一道防線，遠遠便能望見對岸中國、廈門，為了試圖動搖敵軍，國軍在金門建設了一座座又稱心戰牆的播音牆，日以繼夜地心戰喊話。

■裡面放置著滿滿的擴音器。

清晰可見對岸的山巒與建築。

◎這裡，真美！

由於48個開孔面對著對岸，一抵達北山播音牆，就感覺像是巨大的水泥方塊，上頭插著青天白日滿地紅的國旗，伴隨著不斷循環的心戰喊話，時而夾雜鄧麗君的溫柔口語：「你們正在水深火熱中，回來吧！回來吧！」

如今褪去緊張的戰地風情，孤獨佇立在古寧頭戰役中，共軍被包圍、投降的北山斷崖處，如同抽中「金馬獎」的阿兵哥，身處異地，堅守崗位，一次次的呼喊就像對自己內心的喊話，卻也道不盡對家鄉的思念。

○How to go

北山播音牆位於金門金寧鄉，從台灣出發以搭乘飛機為主，可從台北、台中、嘉義、台南、高雄等地起飛，沿著環島西路而行，直到進入北山，看著當時古寧頭戰役留下來的千瘡百孔，頓時間感受到那股緊張氣氛與無情烽火，繼續沿著指標前行，就可以看到這座宛如大型音響的水泥方塊。

Kinmen

information

🏠金門縣金寧鄉古寧頭北山（近北山斷崖）

🚶 ★☆☆

安東坑道
勇闖地心，深不見底的坑道祕境。

　　在跳島馬祖東引旅遊時，我們造訪了一個坑道，一個從入口處看不見底的坑道，彷彿要進入地球地心般，帶著恐懼又期待的心情，沿著欄杆上的燈光，照亮著依稀可見的階梯，一步一步往下走。

⚲How to go

　　馬祖位於台灣西北方，由五島組成四鄉，其中東引是台灣最北的國土，拜訪此處可選擇從基隆搭乘台馬輪、台馬之星等海運，依照雙號先東後馬（先到東引再到南竿）、單號先馬後東（先到南竿再到東引）的航次造訪東引，或是選擇由本島飛往馬祖南竿的航班，再由南竿轉乘航班抵達東引。

　　我們是從基隆搭乘先東後馬的輪船，經過一個長夜的航行，在天空依稀帶著微光，天際呈現一抹淡橘色澤，廣播響起一首高亢激昂的馬祖頌之後，遠遠的，我們看到了連接東西引的中柱感恩亭，當太陽漸漸從東引島的山陵線冒出頭，船隻緩緩靠泊中柱港。快速Check-in 以及租乘機車，隨地圖與沿路上的指引，拐過一個又一個彎路，不時還會以為入闖營區，直到抵達坑道入口前，只見一排燈光隨著距離漸漸變暗，直到盡頭深不見底，我們在入口處猶豫了，但最終還是踏出了第一步！

◉ 這裡，真美！

沿著欄杆上的燈光照在依稀可見的階梯，我們一步步往坑道盡頭挺進，從入口處的迷彩直到坑道的原石灰，燈光打在坑道四周，將岩石一鑿一斧的痕跡清晰刻劃，彷彿即將吞噬我們。坑道中的空氣帶點潮濕，不時將鏡頭抹上一層霧氣，地上則永遠像剛拖過地般的般濕潤，隨著階梯一階一階往下，回頭看著入口處的光點越來越小，數不清已經下了幾階，又或是換算後的幾層樓，內心擔心的不是待會上來必須再爬上無數階梯，而是待會是否能平安上來。

不知道走了多久，終於來到平面處，筆直的坑道兩側點著微光，每走幾步便岔出一個路口或一個空間，猶如化身螞蟻行走在蟻窩。坑道兩側多半是開鑿出的原石樣貌，偶爾可見整修過後的平整水泥牆面，在白漆上寫著斗大的紅字，一句句精神標語與口訣，使得坑道充滿戰地精神。

迎向明亮的坑道口，突然一陣風拂過雙頰，映入眼簾的光亮伴隨碧海藍天、奇岩怪石，幸運還能看見群鷗飛舞，原來坑道興建於1970年代左右的冷戰時期，直到2002年軍方釋出，在馬祖國家風景區管理處興工整修後，於2004年重新對外開放，每年四月皆有黑尾鷗、蒼燕鷗等保育鳥類從日本南下，吸引許多愛鳥人士至此朝聖。

■白底紅字寫著口訣，戰地風味十足。

實際走過一遭安東坑道，不像一般祕境帶來寧靜愜意的氛圍，倒是伴隨著幾分緊張與恐懼，而我們所恐懼的並不是環境帶來的，而是不斷自我放大的想像，當你真實的走過一遭，才會發現裡頭的美。

Matsu

information
🏠 連江縣東引鄉
🚶 ★☆☆

■每個坑道口都有機會一睹燕鷗風采。

■沿著一旁的階梯而下,看不見盡頭。

澎湖天堂路
蜿蜒走在大海的漸層色階中

　　提到「天堂路」，直覺地會聯想到台東池上，兩側襯著金黃色的成熟稻麥，盡頭是層層皺褶的山脈。但你知道離島也有一處天堂路嗎？這裡沒有稻浪，卻有著貨真價實的湛藍海浪，延伸至盡頭，是從蔚藍漸層到蒂芬妮綠的海色，最後用米黃色砂石連接著蜿蜒小徑，這就是「澎湖天堂路」。

○ How to go

「澎湖天堂路」位於澎湖白沙鄉東港後寮村，順著203縣道一路往跨海大橋方式行駛，在一處岔路接上澎8縣道，緊接著拐進一處小巷弄，一路沿著防風林便可抵達沙灘，沙灘盡頭則可望見向海延伸的水泥堤防。「澎湖天堂路」早期其實是一座碼頭，隨著時光流逝逐漸荒廢，漸漸被遺忘，如今問起，甚至就連當地人也不見得知道。

之所以重新受到關注，全是一張視覺效果奇特的照片，道路兩側的海面，一邊呈現靜止狀態，另一邊隨著漲潮而波濤洶湧，更有人寫下這樣的一段話「澎拜如濤、靜如湖泊」，說明「澎湖」的由來，但究竟澎湖的命名是否因為天堂路，便無從得知。

◎ 這裡，真美！

隨著雙腳行走於米黃色沙灘上頭，在沙灘上烙印出一雙雙腳印，一路邁向海面上的天堂路，岸邊不時勾勒出一道道白色浪花，伴隨著碧藍海水連接藍天，澎湖的海總是有種魔力，讓人不由自主地望著，如痴如醉。

什麼也不想地走到天堂路路口，放眼望去與台東池上的天堂路有幾分相似，同樣是彎曲的S形路面，不同的是兩側的景致，一波波海浪拍打在天堂路上，激起一道道浪花，直到最末端的小平台，乍看之下猶如一條蜿蜒小蛇，朝向大海延伸，最前端還吐著蛇信。

駐足於此，更可以享受澎湖360度的無邊際大海，望著海水與藍天相拼接的海平面，要不是海島烈陽熱情迎接，吹著海風別有一番愜意氛圍。

Penghu

information
🏠 澎湖縣白沙鄉後寮舊碼頭
🔥 ★☆☆

📢 小叮嚀：氣候不佳時，避免走上天堂路。

■ 襯著漸層大海，成了最棒的背景。

目斗嶼燈塔

台灣三十六祕境之一，
遺落在菊島北方的海上明珠。

　　每年四到六月舉辦的「澎湖國際海上花火節」，璀璨的煙花
照亮整個菊島天際，伴隨微微海風，讓人陶醉其中，漸漸地已
經成爲大家夏日旅遊海島的消暑天堂。菊島的最北方，則有一
座遺世般的島嶼，默默守護行經北海的每一艘漁船，就讓我們
一起乘著遊艇，尋找遺落在菊島北方的海上明珠吧！

○How to go

　前往澎湖菊島的主要方式為航空及海運，搭乘飛機可從台北、台中、嘉義、台南、高雄等地出發，搭船建議到嘉義布袋出發，這是最短的航程至於前往目斗嶼，則可到北海遊客服務中心詢問前往航班，多半都是先到吉貝再轉往目斗嶼，因此建議可先造訪吉貝沙尾，再依指定時間返回碼頭，搭船前往目斗嶼，一次造訪澎湖兩處美麗風景。

Penghu

information

🏠 澎湖縣白沙鄉目斗嶼島

📞 06-993-3082

🚶 ★★☆

■停泊靠岸後，往燈塔邁進。

■前往目斗嶼需從澎湖本島搭船前往。

■看著碧海藍天的絕美景致。

◎這裡，真美！

隨著船隻劃開海水，船尾拖著長長的白色浪花，從原本滿船乘客，到目斗嶼時只剩下小貓兩三隻，全都是為了一睹菊島最北方的祕境。漸漸地，在一片深淺不一的藍色調之中，佇立一根黑白相間的地標，直到越來越靠近目斗嶼燈塔，原本湛藍的海水透著米黃色沙灘而轉變為蒂芬妮綠，與藍天白雲拼接出海平線，黑白相間條紋的目斗嶼燈塔佇立其中，才驚呼，原來澎湖竟有這樣的勝地！

在這美麗景致背後，其實有著不為人知的故事。目斗嶼四周灑落著潔白米色沙灘，但四周珊瑚群礁遍布，退潮時水深僅一公尺左右，經

常造成沉船，海難事件不斷，因此有了目斗嶼燈塔興建計畫，在1902年完工後，不僅海難事件減少了，更有浮潛業者駐地經營帶動觀光，但後來業者退出，目斗嶼便漸漸沉寂了一段時間，直到2015年這條新航線開通，幸運能再一探此地。

登島後放眼望去即可將整座島盡收眼簾，島上唯一的建築物「目斗嶼燈塔」，是全台塔座最高的燈塔，以銑鐵製造並以黑白相間的橫條紋外漆，周圍海域多霧時方便船隻注意。一天一班的航次，載著探索祕境的遊客，約三十至四十分鐘短暫的停留，卻能在內心留下對於澎湖北海祕境最深的感動。

小池角雙曲橋
走在白色長廊上，撐著蒂芬妮綠的傘。

■隨意或站或坐，都有如身在海島。

　　在艷陽照射下，你是否曾經看過漸層的大海？由蔚藍、湛藍、深藍，漸漸轉變為薄荷綠、湖水綠、蒂芬妮綠，時而清晰透著水面下的礁石，透徹得讓人想一躍而下，暢快悠游在這藍與綠所交織出的漸層海之中。菊島有一處白色長廊，能讓你恣意漫步上頭，宛如走在大海的漸層色帶上，踩出第一步所看見的綠，走著走著才發現大海的藍。在一座蒂芬妮綠的涼亭下，享受360度的海面景致。

■左右延伸的末端都有著蒂芬妮綠的涼亭。

How to go

旅遊澎湖絕對少不了一睹壯碩的玄武岩柱奇景，造訪像是瀑布般的「池西岩瀑」玄武岩時，你會意外發現這一處「小池角雙曲橋」。

這裡，真美！

在這裡，你可以跟另一半牽手走在長廊，直到最末端的涼亭，坐著談情說愛，就像愛情傘下的兩人，格外浪漫；你也可以獨自走在上頭，選擇任何一個你最喜歡的方向轉彎，或左或右，隨著腳步感受大海逐漸變色的視覺效果，最後坐在涼亭下，好好看著大海放空，回程時，或許就會與另一端的某一個人浪漫邂逅。

Penghu

information
🏠 澎湖縣西嶼鄉竹灣村
🚶 ★☆☆

外垵漁港

駐足庇護的三仙岩，
眺望整個澎湖小香港。

　　菊島澎湖是不少人夏日跳島、戲水玩沙的首選，搭上一年一度的「澎湖國際海上花火節」，總是吸引成千上萬遊客前往。而在施放煙火的西瀛虹橋對面最遠的彼端，有一座漁村，素有「澎湖小香港」之稱。

■一艘艘造型相似的漁船彼此緊綁。

■一旁廢棄的軍營，成了生存遊戲迷的天堂。

■山坡上，三仙岩守護著漁村男丁。

How to go

澎湖旅遊版圖主要可分為南環與北環，驅車行駛在澎203縣道，一路朝著最尾端的西嶼鄉邁進。一路上，一座座風車隨海風旋轉，遊客駐足在跨海大橋一旁拍照留念。隨著人潮越來越少，一步步朝我們的祕境靠近。距離漁翁島燈塔不遠處，我們岔出主要道路，進入一片荒蕪的草原，跟隨著過往行駛的痕跡，直到看見三座屹立不搖的石堆，這裡是「三仙岩」，眺望外垵漁港最美的視野。

Penghu

information

🏠 澎湖縣西嶼鄉外垵漁村

🚶 ★ ☆ ☆

◎ 這裡，真美！

第一次駐足三仙岩，不少人會心生畏懼，像是石敢當的三座石堆，其實是庇護當地男丁。相傳外垵漁港右端的山脈較為突出，早年以漁業維生的村莊，常常發生船難而造成男丁損傷，經過算命師提點，認為問題出在兩端的山脈，因此在左端山脈放置三座石堆，達到鎮壓、延長的效果，船難事件才逐漸減少。

多數遊客往來漁翁島燈塔，常常呼嘯而過，殊不知祕境就在身邊，如今卻成為攝影迷的私房景點，駐足三仙岩可以將整個漁港180度盡收眼底，望著層層堆疊而建的房屋，漁港內緊緊相靠的漁船，海水從漁港的蔚藍延伸到海平線的湛藍。隨著夕陽落下，路燈像骨牌般點亮，漁村裡盞盞燈火顯得沒有默契，一艘艘漁船帶著漁火緩緩駛進漁港，載著滿滿的漁獲回歸。

■至高俯視整個漁港。

Natural Landscape
天然系祕境
一睹大自然的神祕仙境

鳶山登山步道

用九分鐘的路程，
換一百八十度的遼闊視野。

齊柏林執導的空拍紀錄片《看見台灣》，讓大家從不一樣視角看見台灣各地，促成近幾年空拍機的盛行，更讓人發現了以往熟悉的景點不同的樣貌，甚至有舊景新拍的新鮮感。另一方面也帶動不少登山客，運用雙腳尋訪一座座山頭，登高望遠用手持方式拍攝，清晰望見市容的景致，一飽彷彿空拍的癮。

■最遠處依稀可見台北101的身影。

○How to go

鳶山登山步道位於新北三峽區，從國道三號三鶯出口下交流道，鄰近便是熟悉的鶯歌老街與三峽老街。鳶山登山步道的山腳便是三峽老街，如果由鳶峰路開車進入，不到十分鐘的車程便可以抵達「光復紀念鐘」，步行五鐘即可登鳶山；若是由從鳶峰路登山口進入，坡度較陡，不少路段更是需要手腳並用，但是登頂後的一百八十度的視野，讓人直呼：太值得了！

New Taipei City

information

🏠 新北市三峽區鳶峰路

🚶 ★☆☆

📢 小叮嚀：部分路段需手腳並用攀爬。

◎ 這裡,真美!

穿過一片樹叢後,映入眼簾的是遼闊的市容景致,一棟棟建築林立在翠綠的山頭之中,頓時間彷彿看見了地產大亨般的畫面,剛才行駛的國道三號,恰似為地景畫出一抹微笑,從右端的高樓大廈竄出,畫出完美的弧度,最後消失在左端的地平線。看著路面上頭的車輛,一台台像是樂高玩具裡頭的模型,井然有序地行駛在國道上,而國道兩側截然不同的建築地貌,一側高樓豪宅、大廈社區林立,一側則為純樸民宅,右側的光復紀念鐘頂著橘橙色屋瓦,在萬綠當中顯得亮眼,後頭是群山層層堆疊,最遠處還能依稀看見台北101的身影。

恢意地駐足在岩石上,有幾分「鷹石尖」的氛圍,看著漸層色的藍天點綴著一朵朵白雲,隨著陽光照映在飄動的白雲,地景有了流動般的明暗變化,不時微風拂過全身,底下的樹叢隨之擺動,居高臨下看著一百八十度的遼闊視野,以及下方來去匆匆的車流,這一刻才感受到自己不再受外力支配,不必跟隨他人的節奏,緩慢地讓身心靈徹底放鬆,我想這九分鐘的路程,是最值得的兌換。

■ 嫣紅的拱橋,彷彿萬綠中的一點紅。

■ 路面上的車輛,猶如玩具車般行走。

神祕海岸
穿過一線天後的遼闊海景，
遠眺燭台雙嶼。

　　台灣北海岸獨特的地質條件孕育出不少特殊的地貌，其中不乏奇岩怪石，加上豐富的想像力或者突然一瞥，就成了別具名號的造型石，野柳的女王頭便是最知名的代表。除此之外，更有不少隱藏在沿岸地帶，必須經過一番波折才能一睹的地貌美景，同樣令人趨之若鶩。

⟲ How to go

　　說到「神祕海岸」，或許令人摸不著頭緒，但如果說到「燭台雙嶼」，想必較為人知，神祕海岸便是最靠近燭台雙嶼的海岸線。造訪神祕海岸時，可將導航目的地設定為「水尾漁港」。

　　這天沿著台2線一路朝水尾漁港行駛，直到抵達漁港的堤防邊，由一側的木棧道樓梯越過堤防後，映入眼簾的是岩石與消波塊包圍的岬角，而岩石一處漆黑洞口，即是神祕海岸的入口。鼓起勇氣穿越洞穴，沒想到另一頭別有洞天，遼闊的海岸線，腳下全是各式各樣的地質紋理，彷彿進到了世外桃源。繼續沿著海岸線步行，沿途盡是各種紋理的巨石，從土色、金黃色到紅褐色，有的圓潤像塊饅頭，有的則像經過一番雕琢，直到拐過一個彎後，我們終於看見了燭台雙嶼。

■沿途有著壯闊的地貌。

New Taipei City

information

🏠 新北市金山區

🚶 ★★☆

📣小叮嚀：注意潮汐變化，並注意自身安全。

■入口便是巨石堆疊的神祕黑洞。

■懸崖邊的石頭，被譽為海景鷹石尖。

◎這裡，真美！

看見燭台雙嶼，心想離神祕海岸應該不遠了，只見前方一階階石梯，順著欄杆往上，陡度約莫近六十度，正當我們躊躇不前時，心底傳來一股聲音，彷彿吶喊著：「都到這裡了！上去吧！」於是拖著笨重的雙腳，隨著階梯一階一階往上，一側的海水越來越寬廣，直到勾勒出完整的C型海岸線，我們終於抵達傳說中的「神祕海岸」了。

湛藍的海水往岸邊逐漸漸層為碧藍，清晰的海水透著海底的米白色沙灘以及黝黑的礁石，直到末端拍打出一波波潔白浪花，岸邊從壯闊的巨石逐漸縮小，直到堆積成一處米白色沙灘，只見懸崖邊矗立一塊白石，造型神似先前爆紅的鷹石尖，不同的是襯著遼闊的漸層海景，因此更被譽為海景鷹石尖，倚坐上頭，一邊望著神祕海岸的完美弧形，一邊望著孤立在海面的燭台雙嶼。正當感受好不愜意時，瞥見下面懸空的湛藍海水與巨石，不禁令人心頭抖擻，卻也因為這樣的美景，讓不少人冒險乘坐，拍下張張絕美的意境照，在台灣北海岸的神祕海岸打卡插旗！

桃源谷大牛埔

台版青藏高原，
望著綠地上的水牛與鷺鷥。

青藏高原擁有「世界屋脊」之稱，其中的西藏地貌風光與遊牧民族的人文景致更是令人嚮往。而在台灣北部，則有一處高山，雖然海拔不及青藏高原，也沒有犛牛群，卻擁有群山環繞、層層堆疊的景致，幸運的話還能看見水牛群與白鷺鷥嬉戲，遠處更能眺望神龜姿態。

○How to go

桃源谷大牛埔位於新北貢寮，沿著貢寮火車站一旁的吉林產業道路，拐過一個又一個髮夾彎，聽著一旁溪水潺潺的流動聲響，緩緩爬升之際道路越趨狹窄，直到最後的九彎十八拐，突然驚見一頭水牛傲氣地站立路面，驚喜之餘，更驚嚇的是牠會不會朝我們衝來，幸好水牛有驚無險地往綠地奔去，我們也終於抵達停車處。

◎這裡，真美！

沿著山坡的階梯而上，遠處依稀可見龜山島，碩大而霸氣地佇立在海平面之上，隨著階梯走在山稜線上，時而緩降時而爬升，直到爬上山坡的制高點，放眼望去，一面是群山環繞，一面則是湛藍海景，上頭襯著藍天與白雲，好一幅美麗風景。

此處的夏季是涼爽的氣候，山谷吹起一陣陣山風，夾帶著一波波山嵐，遠方群山環繞，前方有水牛與白鷺鷥，彷彿駐足在青藏高原，我們優閒的坐著觀賞風景，突然後面的山頭漸漸被雲霧淹沒。高山的氣候變化猶如翻書，頓時烏雲密布，硬是將我們從青藏高原的陶醉之中拉回。下了山，平地卻是晴空萬里的好天氣，讓我們感覺彷彿作了一個漫步在青藏高原的夢，夢見水牛群與白鷺鷥，那一幅猶如風景攝影集或地理頻道才會出現的景致。

New Taipei City

information
🏠 新北市貢寮區
🚶 ★★☆

🔊小叮嚀：注意自身安全，切勿靠近牛群。

林口水牛坑

峻峭岩壁後，隱匿著一座台版美國大峽谷！

美國大峽谷以壯闊、震撼人心的自然景觀，吸引許多人前往造訪朝聖，更是不少攝影師終其一生必拍的夢想題材。還沒有機會一訪美國大峽谷沒有關係，讓我們留在未來的以後，現在在新北林口則有一處大地坑，獨特的地貌令不少旅客紛紛駐足停留，宛如縮小版的美國大峽谷。每當午後，更可以看見水牛群休憩，成了最棒的天堂，同時也成為越野車的競技場所，不時能看見越野車奔馳其中，為一片無垠的景致增添不少韻律。

■一旁的越野車，發出飽滿的油門聲響。

■米黃的沙地壓出一條條車痕。

How to go

林口水牛坑位於台61西濱快速公路內側，若是由桃園往新北行駛，則為順行方向；反之，則需要迴轉繞行。行駛在快速公路上，遠遠便能看見壯闊的山頭佇立，有時還能看見一頭頭水牛，埋頭努力啜飲著水；對於祕境而言，並不算難找，但若沒有停下車來，細細漫步其中，很容易與這片壯闊的地坑景致擦肩而過。

■斑駁、峻峭的山壁，猶如地理頻道裡頭的取景畫面。

New Taipei City

information
⌂新北市林口區西部
　濱海公路625號
🚶 ★☆☆

◎這裡，眞美！

　　「林口水牛坑」，顧名思義便是一處擁有許多水牛的地坑，看著不少攝影前輩拍攝的照片，一頭頭黝黑的水牛，駐足水池邊愜意飲著水，搭配後頭斑駁、峻峭的山壁，猶如地理頻道裡頭的取景畫面，讓我們趨之若鶩。但想一睹水牛群可需要一點運氣，看著大家分享的時段，從午後兩點至四、五點，可惜儘管我們在這之間造訪，依然未能一睹水牛群，卻看見四輪驅動的越野車，奔放不拘地行駛，時而遵循過往的壓痕行駛，時而駛出原有的路徑奔馳，山壁上方成了最佳觀景台，看得我們目不轉睛，也不時為駕駛捏了一把冷汗。

　　一側的峻峭山壁，奇特的紋理毫無頭緒地刻畫著，整面山壁有的斑駁有的鏤空，站在前方仰望，彷彿站在縮小版的美國大峽谷下方，耳邊傳來一陣陣踩足油門的轉動聲，使得整個環境多了幾分震撼的環繞音響。雖然未能一睹水牛群，但遠處山頭彷彿一只牛角，稀疏的草皮光禿著一條條路徑，循著路徑努力往上爬，登高駐足欣賞整個水牛坑，壯闊的景致足以令人心滿意足，期許著哪天再次造訪時，能一睹水牛群。

■循著至高的步道，邁開步伐。

鼻頭角步道
走在山稜線的步道，遠眺東北角。

台灣東北角沿岸有著豐富的地質景觀，每次造訪總讓人流連忘返，近幾年更因「龍洞」獨特的景觀，加上攀岩、跳海、浮潛等極限運動盛行，因而帶動周邊觀景人潮，鼻頭角則是其中之一。沿著步道緩緩行走直到最高處，向南可以眺望龍洞景致，望向北方則可看遍東北角層層疊遞的海岸線，美不勝收。

How to go

造訪北海岸不外乎行駛在擁有浪漫海岸公路之稱的台2線省道上，一邊欣賞翠綠群山，一邊眺望湛藍海水，沿岸更有奇岩怪石景致不斷地變化。沿著台2線行駛，沿岸景致時而金黃沙灘、時而奇岩怪石，直到進入鼻頭隧道，一出隧道便可以準備向右拐彎上去。鼻頭角步道為環狀步道，可由鼻頭國小前往或是鼻頭漁港進入，由於鼻頭漁港的路段較險峻，需要手腳並用攀爬才能抵達，因此多數人會選擇從鼻頭國小進入，導航也可以設定為鼻頭國小，可避免導到漁港裡頭。

New Taipei City

information
🏠 新北市瑞芳區鼻頭路
🚶 ★★☆

📢 小叮嚀：部分路段較為陡峭。

■直到頂端，遼闊的景致格外舒心。

📷 這裡，真美！

　　沿著鼻頭國小一側的小徑，時而上坡時而下坡，一邊欣賞著湛藍海水，一邊羨慕著鼻頭國小的學生，教室窗外便是無垠海景。前段路程較平緩，直到一處岔路，扶搖直上，幾乎超過45度的階梯，幸好沿途都有涼亭可以稍作休息，蜿蜒的步道猶如小長城般，攀附、蜿蜒在山稜線上，就像是將山頭縫上了一條拉鍊，最末端的山頭點綴了一頂小涼亭，彷彿會有詩人倚坐其中，望著遠處的美景把酒吟詩作對，看著海岸線的一座座山脈層層疊遞，直到消失在海平面當中。

■沿途盡是湛藍海水拍打沿岸。

無耳茶壺山
駐足茶壺口，眺望水金九。

　　新北瑞芳區的九份，是不少國內外旅客耳熟能詳的知名觀光景點，更是旅遊台灣必定造訪的景點之一，其中九份老街因激似宮崎駿動漫的場景而聲名大噪，吸引不少日韓旅客造訪，不論平日假日總是人山人海、萬人空巷。漫步其中，身邊全是外國人，還以為自己來到日本或韓國，。很多人不知道附近有條的無耳茶壺山登山步道，可以遠離喧鬧人群、遠眺水金九風光，來到此處望著層層疊遞的群山，連接湛藍的海洋與藍天，遼闊的視野頓時感覺格外舒心。

○ How to go

這天特地起了個大早，趁著早晨較涼爽的氣溫，從瑞芳市區一路行駛瑞金公路往九份前進，最後接上通往登山口的山路，沿途行經勸濟堂、報時山，經過九彎十八拐的爬升山路，終於抵達無耳茶壺山登山步道口，但想登高眺望，不外乎必須奉獻上雙腳。登上無耳茶壺山來回約莫兩個小時，沿途鋪設石階以及木棧道，時而平坦時而陡坡，之字形的步道旁有不少休憩處及涼亭，走上一趟並不算難走。

New Taipei City

information

🏠 新北市瑞芳區

🚶 ★★☆

📢 小叮嚀：建議晨昏時段，並著布鞋前往。

■一棟棟建築瞬間成了積木玩具。

■望海遠眺，陰陽海近在眼前。

■沿途有不少涼亭可供休憩。

■橘紅色涼亭在一片翠綠中顯得醒目。

◎ 這裡，真美！

　　一步一步踏上步道，沿途風景無不令人心曠神怡，走過一半已可以清晰的看到陰陽海面上湛藍色與土黃色的分隔線。

　　儘管每個歇腳處的風景都非常吸引人，但為了一睹山頂景致，每每短暫休息後便督促自己再度前行。直到寶獅亭，看著攻頂前的山稜線，陣陣強風吹得我們站不穩腳，內心也上演了一場拉扯戲，一邊不甘於在最後一哩路放棄，一邊說服著自己涼亭的景致已經夠美了，最後心一橫，心想都已經來到這裡，於是我們扶著彼此，逆風而上。

　　駐足山頂，遼闊的視野幾近270度，將水金九一帶盡收眼簾，回頭望向剛才讓我們躊躇不前的涼亭，橘紅色屋瓦格外醒目。放眼四周，沉綠色的群山層層疊遞，一棟棟像玩具屋般的建築坐落其中，遠方便是湛藍的海洋漸層連接天空，早已看不清海平線的交界，天際點綴著朵朵白雲，整個畫面猶如空拍，望著這美麗的風景，早已忘卻雙腿的疲憊。拿出事先準備好的早餐，佐著美景大快朵頤，原本稀鬆平常的早餐似乎顯得更加美味，最後再次背起行囊，將這樣的美景刻劃在腦海中，依依不捨地緩步下山。

龍船岩
翻轉世界，拍出驚心懸崖照。

　　近幾年來「鷹石尖」爆紅，讓不少人趨之若鶩朝聖祕境，往往
需要行經一段小徑，爬上一段陡坡，但為了一睹祕境的獨特美景
讓人在所不辭，而在鷹石尖之後，更有不少深山、叢林裡的奇岩
怪石，逐一被發掘出來，「龍船岩」便是其一。

■碩大的岩石猶如一頭藍鯨。

⌕ How to go

　　這天造訪完大湖公園裡頭，曾經在全球仙境之橋票選暫居第一的錦帶橋後，我們沿著碧山路出發，途中經過多次拐彎，順著指標一路爬升，遠遠看見山頭上一片翠綠，突然一處禿了，一顆碩大的石頭像是壓垮了樹木，佇立山頭之上。

　　往龍船岩的步道可由碧山路以及大湖街前往，建議導航設定「內湖黃氏古厝」由碧山路前往，可以省去大半行走步道的時間，從這端進去只需要十分鐘即可抵達。讓我們驚奇的是，山路上都有公車站牌，造訪這麼多祕境，鮮少有大眾運輸可以直達的，仔細一看才發現內湖的「小2」線公車有行經這裡。

　　入口處的村莊多有養狗，看見我們便卯足全力的狂吠，我們膽戰心驚的走進一旁的小徑，繼續沿著步道行走，沿途落葉覆蓋石階，直到眼前出現一塊巨大的岩石，乍看之下像是一頭擱淺的藍鯨。

Taipei
information

🏠 台北市內湖區

🚶 ★★☆

📢小叮嚀：地勢險峻注意自身安全，建議著布鞋前往。

◎ 這裡，真美！

經過一番折騰，我們終於手腳併用的爬上龍船岩。其實龍船岩是一塊像是蛋糕的岩石，因為在山路遠眺像極了一艘乘風破浪在山頭的龍船而得名，一邊為傾斜45度的斜坡，一邊則為90度的直下懸崖，岩石中間斷開了兩處縫隙，乍看之下就像是蛋糕的分層，駐足其上卻一點也沒有品嘗下午茶般的愜意，因為只要一失足，不論是哪一邊都是直接跌落谷底，可是上頭的景致卻還是令不少登山迷爭相造訪，一邊遠眺大台北地區，一邊眺望大湖區。

之所以能在IG上成為打卡熱點，是因為在這裡可以利用視角的視覺效果，拍出猶如掉落懸崖般的刺激感，甚至是翻轉九十度拍攝，就像是攀爬上懸崖的蜘蛛人一般，殊不知只是蹲在龍船岩上頭而已。拍照時間建議避開正午時段，曝曬後的岩石溫度甚高，別說是要趴在上頭拍攝，就連雙手碰觸也會覺得燙，比較推薦的時段則是晨昏之際，一來氣溫涼爽，二來不只可以拍攝還能坐在石頭上欣賞遼闊景致，將整個大台北美景盡收眼簾。

■一側傾斜約45度，一側則是斷崖。

■行經一座橋樑，陽光斜射灑落。

■坐在上頭，可以遠眺內湖地區。

觀音草漯沙丘

遺世的邊境感，獨走在一片荒蕪沙漠。

撒哈拉沙漠是世界上最大的沙漠，因此不少旅客把「造訪撒哈拉沙漠」當作人生願望清單之一，一生必得造訪一次。在台灣，若想獨走在沙漠上，演繹著獨自身影的滄桑感，大概八竿子打不著，但沒想到在桃園有一處沙丘，猶如台版撒哈拉沙漠，搭配四周一座座大型風力發電的風車，宛如遺世在世界的邊境。

Taoyuan

information

🏠 桃園市觀音區

🥾 ★☆☆

📢 小叮嚀：避免強風、旱季時前往。

◎這裡，真美！

還記得這天穿著短褲，走在兩側茂密的樹叢，絲毫沒有任何異狀，直到眼前看見一片米白色沙丘，腳踝被伏著地面飄動的沙粒無情拍打，雖然這裡沒有撒哈拉沙漠般的酷暑豔陽，卻有著風吹砂般的嚴酷考驗。頂著強風踩上鬆散的沙丘，每向前一步便在沙丘上烙印著一步步的痕跡，只見沙丘隔著一片片竹籬勾勒出一道道線條，為無止盡的沙丘增添些許層次。

在這片沙漠景致風光當中，隨意遊走在沙粒之間，伴隨風吹起的沙塵，別有幾分滄桑感，一幕幕就像影集或MV才會出現的畫面。這趟遊走在台版撒哈拉沙漠的奇幻之旅，讓人完全意想不到在台灣會有這樣的景致，置身其中，每每懷疑著：「這裡真的是台灣嗎？」直到回到入口的樹叢小徑，我們還依然意猶未盡地回味剛才的沙漠奇幻之旅。

○How to go

觀音草漯沙丘是桃園觀音區沿岸海岸線的一處沙丘，長約8.1公里，總面積約4平方公里。

遠處佇立著一支支風車，隨風轉動葉片，跟著導航的指引轉進一處小徑，小徑末端雖然被鐵門阻隔，但一旁仍可步行通過，於是我們停妥車輛，邁開步伐朝著未知的小徑一路挺進。

■襯著巨大風車，有種遺世邊境的氛圍。

三民蝙蝠洞

褪去蝙蝠的漆黑身影
留下讚歎的鬼斧神工。

　　基國派老教堂是不少攝影人必拍的攝影題材，尤其當夜幕低垂，銀河高掛屋頂上的十字架後頭，猶如歐美郊區的遺世小屋。循著指標前往的同時，我們發現另一個更吸引人的指標「蝙蝠洞」。驅車行駛在桃園復興區的山路裡頭，手機不知道在哪個彎沒了訊號，於是我們抱著無盡的未知數，硬著頭皮前往一探究竟。

■在大自然底下才顯得自己渺小。

◎這裡，真美！

映入眼簾的是一處高達數公尺的半月形洞穴，內凹的深處隨著距離漸漸陰暗，直到深不見底，我們鼓起勇氣往洞穴裡頭走，躡手躡腳，擔心驚動蝙蝠，抱持著隨時會有大量蝙蝠現出的電視畫面，直到我們走進洞穴最深處，直到眼睛適應黑暗，心中的恐懼一一瓦解，取而代之的是無限讚歎，深深折服於大自然的鬼斧神工。

直到回頭猛然一看，刺眼的陽光穿透洞穴外的植被，不時堆疊在空氣中的塵埃，斜射出一道光束，這一刻美得有如世外桃源，駐足其中彷彿就是深山裡頭自封為王的美猴王，固守著猴子猴孫安居樂業的水濂洞，卻也深刻體會：在大自然面前，我們顯得多麼渺小，彷彿不費吹灰之力便可將我們壓垮。靜靜欣賞這壯闊的奇景，直到陽光被對面的岩石遮蔽，洞穴顯得陰鬱，我們才趕緊循著小徑回程。

○How to go

三民蝙蝠洞位於桃園復興區，由熟悉的大溪老街沿著台7線一路奔馳，沿途行經相當知名的慈湖、大溪老茶廠等，直到拐進基國產業道路，沿著山路扶搖直上，手機訊號也隨之一格一格遞減，在每個彎尋找不顯眼的指標，直到一處階梯，我們停妥車輛，沿著遍布青苔與植被的小徑而走，來到末端的階梯下切到一處大洞穴前，壯闊的景致震攝了我們，紛紛駐足而發出讚歎。

information
⌂ 桃園市復興區桃114鄉道
🚶 ★★☆

烏嘎彥竹林

隱身在深山裡頭的「台版嵐山」。

網路上曾有一張攝影師作品，照片敘述寫著「台版嵐山」，吸引不少攝影迷、網美注意，紛紛詢問確切位置。看著照片與正版的日本嵐山相似度高達近八、九成，為了一睹廬山真面目，我們也驅車前往，一尋「台版嵐山」的迷人景致。

■步道中間設置了工作休息的歇腳椅。

■抬頭仰望，只剩些微的藍天在竹葉間若隱若現。

♀How to go

　　造訪如此多的祕境，不少地點其實都離市區不遠，唯獨「台版嵐山」，可說是實實在在的祕境，光是從山下一路向上，蜿蜒的山路不知道經過幾個髮夾彎，每一個轉彎都讓人有峰迴路轉的感覺，直到一個轉彎，高大的竹林出現兩側，原來我們已經開進「烏嘎彥竹林」。

　　由於網路上資料並不多，當天我們先抵達大湖，一位在地大哥建議我們前往「泰安國民中小學」，之後隨著「烏嘎彥露營區」的指標，一路上山。山路又窄又陡，一定得小心駕駛。

Miaoli

information
🏠 苗栗縣泰安鄉大興村
🚶 ★★☆

📢小叮嚀：導航可先設定至「泰安國民中小學」。

🔘這裡，真美！

擁有台版嵐山之稱的「烏嘎彥竹林」，林間的道路其實就是產業道路，隨時會有車輛經過，稍一不注意，就會與美景擦身而過。走在林間的產業道路上，周遭是高聳的竹林，隨著山風吹拂竹葉，陽光時而從竹葉縫隙灑落，搖晃的竹葉使天空若隱若現。

「烏嘎彥竹林」其實是私人培育竹筍的地方，其間以竹子橫向編成柵欄，一來為防止竹林倒向道路，二來防止竹筍盜採，交錯縱橫的幾何構成，造就了相當特別的視覺效果。

放眼望去，一根根竹子直竄天際，將眼前景致勾勒出一條條垂直線，下方兩邊橫行的竹柵欄不斷地順著產業道路延伸，直到最後轉彎，兩條平行線有了交會，而竹林微微彎曲的弧度，彷彿形成最自然的阿拉伯式建築的拱門廊道，穿梭其中，不禁有幾分阿拉伯女郎蒙著神祕面紗的神祕感覺，更有著武林高手、忍者般的特殊氛圍。

與真正的嵐山相似度高達八、九成。

夢谷瀑布
重現夢谷神祕面紗，群山裡的祕境瀑布。

　　在南投有一座瀑布，是不少在地人夏日消暑的私房勝地，除了可以浸泡在溪水裡，每到蝴蝶季節，更能一睹群蝶翩翩飛舞，但九二一地震後，不知是不是還有水？抱持著眼見爲憑的態度，懷著可能會失望而歸的不確定感，我們仍親自走上一趟，揭開猶如亞特蘭提斯般消失的神祕瀑布面紗。

■清澈的溪水發著湛藍的色澤。

■潺潺流水宛如在岩石上覆蓋一層絲縷。

How to go

從南投埔里往清境的埔霧公路前進，轉往松原巷的小路緩緩行駛，道路越來越狹窄直到無法會車，兩旁景致也從住宅變成綠蔭，沿著斷斷續續的導航前進，直到看見路旁「夢谷瀑布」的立牌。

停好車，我們繼續步行前往，隨著潺潺流水聲尋覓，頓時間溪水聲夾雜著微弱的瀑布聲，爬過一顆顆岩石，我們終於看到消失的夢谷瀑布，原來它還在！

這裡，真美！

從外頭完全感受不到裡頭竟藏著這麼一處祕境，看著不斷流動的溪水，沿著高高低低的石頭，勾勒起一道道白色絲縷，乍看就像流水在岩石上覆蓋了一層絲綢，清晰而透徹的溪水在溪流深處透著藍綠色光澤，小心翼翼地爬過岩石，終於看到一處峽谷向下傾洩著，凹口沖出了三、四道不等的瀑布分流，儘管地勢險峻，只能遠遠遙望著它，依舊不減損到此一遊的興致。

任意選上一塊岩石，將雙腳浸泡在沁涼的溪水裡，看著從上頭不斷流下的瀑布，就像把心裡的煩惱也跟著流逝，漸漸地在這一片群山中，望著曾經消失的夢谷瀑布放空。

Nantou

information
🏠 南投縣仁愛鄉南豐村松原巷
🚶 ★★☆

榮耀石
以王者之姿，踏上榮耀石傲視雲海。

前些日子宜蘭有處祕境「鷹石尖」，以獨特的地形景觀加上遼闊的視野，讓人彷彿站在老鷹的尖嘴般，搭配獨特的拍攝技巧，在一夕之間爆紅，不少人為此爭相前往朝聖。可惜好景不常，礙於危險與諸多考量，至今已經封閉，也因此少了一處美景。後來有人不斷尋找類似場景，希望能再次重現這樣獨特視覺效果的照片，直到這次與朋友相約攀爬合歡山，意外在主峰步道上發現一處石塊，幾乎與鷹石尖一模一樣！

How to go

一路沿著有「台灣最美公路」之稱的埔霧公路前進，經過熟悉的清境、小瑞士等，隨著高度爬升，氣溫也不斷驟降，感覺空氣逐漸稀薄，山巒間飄著些許雲霧，為了避免高山症，我們在清境最高的便利商店稍作休息，眼前美景也讓我們更加期待著踏上合歡山。

隨後一路蜿蜒向上，轉過無數個髮夾彎後，山路逐漸略縮，直到拐過太魯閣國家公園界碑，便是朝武嶺的最後一段筆直道路，而合歡山步道入口就在左側。停妥車輛後，我們朝著步道一步步向前，溫度幾乎接近零度，一波波冷風吹著，我們不停顫抖，直到抵達合歡山馬雅平台！

Nantou

information

🏠 南投縣仁愛鄉

🚶 ★★☆

📢 小提醒：雲海季約莫在10月-2月間。

■隨著步伐前進，視野也越來越遼闊。

■雲海、晚霞、星空，美不勝收。

◎這裡，真美！

　　踏上榮耀石的那一刻，不知道是因為寒風吹拂或是因高度產生懼怕，雙腳顫抖著，畢竟岩石下方便是一處懸崖，儘管看似軟綿綿的雲海讓人情不自禁地想漫步在上頭。直到逐漸拋開恐懼，眼前景致讓人有種站在世界最高點的榮耀感，雲海間依稀露出山頭，在上頭或站、或坐，隨著夕陽緩緩落下，照映在雲海上閃著金光，頓時猶如王者之姿，彷彿才剛歷經了一場勝戰，戰甲上閃著金光，榮耀凱旋歸國，更像《獅子王》裡頭，狒狒拉飛奇高舉新生獅子站在一塊奇石上，受萬獸們的祝福。當霞光由紅轉藍，星月高掛天際，征服了百岳之一的我，站在榮耀石上，為自己的人生故事刻下一頁里程碑。

■隨著夕陽緩緩落入雲海。

青楓谷

漫步竹林小徑，
望著一片翠綠。

祕境往往都在不經意的路途中，抑或是在迷路時不小心發現的。而我們就在一次造訪鹿谷鄉的銀杏森林，行駛在崎嶇的羊巷中，一處轉彎時發現一側的叉路，整齊的竹林小徑晃過眼簾，陽光灑落在茂密的竹葉上，閃著一絲絲綠光，讓我們馬上決定掉頭瞧個究竟。

■落葉整齊地封存著車痕。

■早期茶園全靠流籠運輸。

Nantou

information

🏠 南投縣竹山鎮羊彎巷

🚶 ★☆☆

⊙ How to go

銀杏森林在每年秋冬之際便會逐漸變色，屆時金光閃閃，將整個山頭染上一片金黃。我們抓準了季節，特地前來造訪，一路沿著151縣道往溪頭行駛，在抵達妖怪村前的岔路轉往杉林溪公路，沿途便是知名的十二生肖彎。

沿路數著鼠、牛、虎、兔……直到羊彎，便是通往銀杏森林較容易行駛的路徑。沿途山路崎嶇窄小，綠蔭遮天，直到一路髮夾彎，我們發現了這條小徑，靠著微弱的網路查詢，才得知原來是「青楓谷古道」。

◎ 這裡，真美！

站在古道最前端，望著竹林一路延伸到彼端，筆直而錯綜複雜地排列著，上頭頂著茂密竹葉，陽光灑落照射下，不時搖曳著綠光與一片翠綠，儘管下方的竹葉泛著枯黃，卻將來來往往的車痕清晰封存，兩條明顯的水泥地路徑陪襯著竹林延伸，走在其中，感受到一股風灌進古道，伴隨兩側陣陣沙沙聲響傳進耳際，彷彿與世隔絕，更讓人有種置身武俠片場的感覺。

雖然竹林小徑約莫短短數百公尺，但古道卻一路延伸直到轉彎盡頭，足以讓我們按下一張又一張照片，努力地將這處祕境收到底片之中，卻不留下任何蛛絲馬跡，讓這裡繼續保持著靜謐。

觀音瀑布
仰望瀑流宣洩而下，
鐵腿也要見上觀音一面！

　　炎熱的夏季，不少人選擇到鄰近游泳池涼快一下，或是到溪邊親近大自然，享受沁涼的溪水。擁有好水的埔里鎮裡有一處瀑布，幾乎是每個在地人必去的消暑勝地，外縣市人卻鮮少得知，可說是埔里人的私房消暑祕境。

■數公尺的觀音瀑布，不停宣洩而下。

○How to go

　　車子行走在埔霧公路上，開進山路不遠處，便有一座「觀音吊橋」，對面正是一探觀音瀑布祕境的入口。停好車，約莫步行三分鐘，便會看到一處瀑布，一旁佇立著「觀音瀑布」的立牌，不少人都以為這裡便是觀音瀑布，其實真正的觀音瀑布還要繼續往上走。「觀音瀑布」從高空觀看，隱約有著如觀音的姿態而聞名，走入瀑布沿途路蔭包覆，夏季時常可見蝴蝶翩翩飛舞，隨著腳下的石頭路與木棧道不斷變換，終於來到最後一處將近75度的階梯，伴隨著潺潺水流聲，我們知道瀑布就在前方了！

■抬頭仰望幾近90度。

■每一段瀑流都有不同的感覺與紋路。

◎這裡，真美！

用力地踏上最後一階，高聳直達天際的瀑布映入眼簾。仰望著數公尺高的瀑布宣洩而下，坐在下方岩石上，一邊將雙腳泡在冰涼的溪水裡頭，一邊享受瀑布帶來宣洩後的水氣，沁涼無比。

隨意找上一塊岩石，迫不及待地將鞋子褪去，讓雙腳放入溪水中，瞬間一股沁涼的感覺湧了起來，完全忘了剛才爬山的痠痛，看著一側堆疊的岩石，背後襯著猶如絲綢般的水流，彷彿帶著一股禪意，不禁令人慢慢放鬆了身心靈。

Nantou

information

🏠南投縣埔里鎮中山路一段
　（近觀音吊橋）

🚶 ★★☆

📢小叮嚀：部分路段較陡，建議穿著
　布鞋前往。

虎頭山觀景台
駐足台灣中心點，眺望山清水秀小洛陽。

　　南投，是全台灣的中心點，而南投的埔里則是台灣的正中心。埔里是南投山間一處盆地，擁有絕佳的地理環境與氣候，加上水質甘甜、物產豐饒，因此擁有「小洛陽」之稱的美譽。

　　在埔里有一處後山，是居民晨昏之際最喜歡的休閒場域，如果問在地人哪裡的風景最好、夜景最漂亮，肯定不約而同指向這裡。除此之外，更是喜愛飛行傘極限運動、追逐美景攝影玩家的天堂。

♀How to go

　　虎頭山觀景台位於南投埔里鎮，自從國道六號開通以來，從國道三號接續國道六號，不論是造訪埔里或日月潭等地都相當便捷，從台中出發更是不到一個小時路程。沿著國道六號，穿過一座座高山行駛至國道終點，習慣性地想往左轉朝清境、武嶺邁進，這回我們則右轉進入埔里市區。行駛不到五分鐘，便會看見「台灣地理中心碑」。順著一側的山路扶搖直上，沿途會看見不少觀景亭，宜人的美景吸引著我們停下腳步，但在地朋友卻不以為意地指引我們繼續往前，直到山路的盡頭，才了解為什麼不在沿途的景觀亭駐足，而是要繼續往上前進。

■磚紅色的屋頂，是埔里的印象色。

■透著燈光的雲層，呈現出琉璃光。

■登高望遠，將整個埔里盆地盡收眼底。

Nantou

information
🏠南投縣埔里鎮中山路一段433巷
100之1號
🚶 ★☆☆

◎這裡，真美！

停妥車輛，迫不及待地想往人群奔去，只見翠綠的山坡突然下切成一處斜坡，緊接著便是整個埔里盆地的景觀，幾近一百八十度的開闊視野，看著群山環繞一棟棟磚紅色屋頂的建築，是埔里的印象色，就像是在地人的熱情，後頭襯著從寶藍漸層到粉藍的天色，點綴上幾朵扎實的白雲，這一幕美得好不切實際！突然間一陣騷動，隨著眾人的目光轉向一方，原來是一旁有飛行傘玩家即將展翅高飛，看著一側高掛的風向袋，突然一個瞬間往前大步邁進，在眾人屏息與鼓掌下，乘著風往市區翱翔。

接近傍晚觀景台人潮越來越多，其中更有不少為了追逐美景而來的攝影同好，紛紛架起腳架，等待夕陽美景。慢慢地當天色逐漸轉為橘紅，天邊的雲層被日落燒得火紅，遠處山脈多了幾分不透明的層次，直到太陽落下群山，天空由湛藍轉為粉紫，隨著時序呈現出變化萬千的景致。

正當遊客與民眾紛紛離去，朋友不疾不徐拿出早已準備好的乾糧與我們分食，示意我們精彩的才正要開始。正當天上星斗尚未高掛，底下的路燈已經等不及搶先綻放，瞬間路燈如骨牌般紛紛亮起，整個埔里盆地像是一座聚寶盆，裝滿了金光閃閃的星芒，空氣中彌漫著一股霧氣，透著微微的燈光猶如琉璃光，美得令人陶醉。

埔里黑森林
直衝天際的高聳樹林群。

台中有一處「九天黑森林」，種植了一大片小葉南洋杉，原本是婚紗拍攝的私房景點，因曝光後瞬間爆紅。而在南投，則有另一處黑森林，有別於九天黑森林，全種植了黑板樹，因景致與九天黑森林極為相似，因此成為當地同名的祕境。

How to go

這處樹林位於埔里郊區的田野間，為一處私人土地，以地理位置而言並不難抵達，開車便可以輕易到達，鄰近則有埔里知名的「18度C巧克力工房」，由埔里市區順著131縣道的中正路行駛，直到郊區時，131縣道與中正路分成岔路，繼續沿著131縣道行駛轉往埔里監理分站，行駛到底後的右側便是「埔里黑森林」。

information
🏠南投縣埔里鎮
🚶 ★☆☆

◎這裡，真美！

抵達後，只見一大片黑板樹整齊排列著，高聳的樹幹一路向天際延伸，頓時將眼前的視野切割成無數條直線，說也奇怪，正中間彷彿開出一條道路，宛如摩西分海，呈現一條綠色隧道，林立的黑板樹彷彿為了吸收養分，所有枝葉全都集中生長在最上方，看起來就像科幻片裡的奇幻森林。

抬頭仰望，儘管綠蔭遮天，陽光依舊尋找著一絲縫隙，努力將暖陽灑落進樹林之間。多數的陽光遭到綠葉遮擋，卻也將綠葉照映得格外翠綠。雖然整座黑森林面積不大，更有著小黑蚊的侵襲，但對於喜歡拍攝甚至是外拍的朋友而言，卻不失為非常好的取景地，簡單的構圖便可以拍出壯闊的景致，在IG上屢屢獲得注目，成為詢問度破表的祕境。

■陽光在一片枝葉縫隙閃耀著。

金龍山日出觀景台

看著霞光乍現在一幅雲霧縹緲的水墨畫。

○ How to go

　　魚池鄉金龍山與日月潭相鄰，行駛中潭公路轉131縣道，在蜿蜒的金龍身軀上爬過無數趨緩的髮夾彎，約莫不到十五分鐘便能抵達。金龍山設有三座觀景台，由高到低依序為「金龍山一亭」、「金龍山二亭」、「金龍山日出觀景台」，其中以二亭腹地最廣，因此也有不少民眾會在此搭設帳篷露營，枕著滿天星斗入眠。而視野最開闊則屬高度最低的「金龍山日出觀景台」，距離村莊最近，因此格外有臨場感！

在台灣想一睹絕美的日出景致，除了頗具知名的阿里山、日月潭以外，攝影圈更有一句「北格頭、南二寮、中五城」，指的是攝影圈私房的三大低海拔日出雲海祕境，分別為新北市石碇區的小格頭、台南市左鎮區的二寮，最後的「中五城」，則是南投縣魚池鄉的金龍山。由於開車便能抵達，因此每到假日、銀河季、流星雨時期，總是吸引不少攝影迷，一連從夜晚拍到日出，無法自拔。

◎這裡，真美！

運氣好時，金龍山可以一次幫你達成三個願望，分別為「星空」、「琉璃光」和「日出」。

夜晚時分，看著滿天星斗，不時有流星劃過天際，隨著時間逝去，緩緩飄起山嵐，雲霧縹緲在村落的燈火之間，時而透紅時而染橘，當山頭另一端逐漸起了化學變化，雲層開始燒得火紅，山腳下的琉璃光依然在燈光的星芒下流動著，漸漸地天空透出一片漸層藍，日頭不安分地從山的彼端投射出一道光線，直到爬過山頭，耀眼的日光射進眾人眼裡，短短一個小時不到，看著天際不斷變化，伴隨著攝影師此起彼落的快門聲，剎那間讓人忘卻徹夜未眠的疲憊，內心是深深的感動不已。

Nantou

information
🏠南投縣魚池鄉
　山楂腳巷9-5號
🚶 ★★☆

孟宗竹林古戰場

置身武俠片場，仰望一片翠綠。

　　由李安執導的武俠電影《臥虎藏龍》，氣勢磅礴的武鬥場景，刀光劍影，穿梭在竹林之間，時而飛天時而遁地，總是令人屏氣凝神。在台灣也有一處孟宗竹林，生長著茂密的竹子，置身其中望不著天際，放眼全是筆直的竹子，乍看之下宛如《臥虎藏龍》的武俠片場，彷彿會有俠客突然從竹林裡竄出，更讓人幻想著自己有如片中主角般，擁有絕世武功，能飛天在這一片竹林間。

○How to go

若曾經造訪南投鹿谷的溪頭自然教育園區、妖怪村一帶，那你便與這處「孟宗竹林古戰場」擦肩而過，因為這處祕境緊臨著來往之間的151縣道，鄰近便是內湖國小，想造訪孟宗竹林古戰場其實不難，但由於兩條平行的道路，讓不少旅客就這樣錯過了。

同樣以前往溪頭的方向行駛，最後拐進151縣道，直到一處岔路轉往投55縣道，行駛在這一條與151縣道平行的道路，一路往溪頭方向繼續前行，便能抵達「孟宗竹林古戰場」。

Nantou

information
🏠 南投縣鹿谷鄉
🚶 ★☆☆

◎這裡，真美！

只見一條由石頭鋪成的步道綿延至竹林裡，順著竹林蜿蜒而不見盡頭，兩側全是一大片孟宗竹，筆直佇立其中。放眼望去盡是一片翠綠，步道彷彿一道拉鍊，鍊起了兩側的竹林，成為畫面唯一抽離色彩的灰階。漫步在步道上頭，抬頭仰望，藍天白雲在綠葉中尋找一絲空隙，陽光則熱情地直接透著竹葉泛著綠光，將竹葉照得透澈而翠綠，不時穿過空隙灑進竹林，細細地透出一道道斜射光，陽光便在竹葉間成為一顆顆耀眼的星芒。

但這美麗景致的背後，過往確實是一處古戰場，清朝乾隆時期，台灣天地會的林爽文由南部起義，反抗清朝卻反被清廷率領大軍圍剿，林爽文一行人從集集退至於此。由於這裡地勢險要、易守難攻，讓林爽文能夠居高臨下、拚死抵抗；然而最後終究無法抵達強大清軍攻勢而慘烈犧牲。

隨著竹林一節一節成長，歷史也逐漸褪去，昇華了殘忍的過往，造就如此絕美的景致，重新定義了這處古戰場，若要說戰爭依舊存在，那大概是我們與凶猛蚊子的對決了。

燕子崖

1,800階的考驗，
一睹台版敦煌石窟。

　　位於西半部的嘉義有一處燕子崖，遼闊的自然地景，卻擁有寧靜與神祕的氛圍。想揭開燕子崖的神祕面紗，可一點都不容易，必須經過一千八百階的階梯步道，將雙膝奉獻給大自然，才能一睹奇景。

○How to go

燕子崖位於嘉義梅山，鄰近便有熟悉的奮起湖景點，這天我們從嘉義市區出發，順著159縣道漸漸駛離市區，在接上台3線不久便繼續接續166縣道，一路往山區挺進。往阿里山的方向，多半會行駛台18線，因此整趟山路除了看似當地居民外，我們鮮少遇到其他車輛。

燕子崖為環狀步道，距離瑞里國小的一端，由於路途險峻而封閉，必須由另一端的青年嶺步道入口進入，步道四周落葉遍布、青苔攀附，看起來很少人造訪、駐足。筆直的步道順著超過45度的陡坡而下，一階接著一階深入樹林，緊接著拐過一個彎後，又是一個看似上百階的陡坡，步道約一公尺寬，一側便是樹叢，讓人一邊緩步下著階梯，一邊擔心是否會有其他生物藏匿其中。經過一千八百階的洗禮直到一處吊橋，燕子崖就在後頭了！

■經過情人吊橋，燕子崖就在不遠處。

■層層紋理，乍看宛如千層派。

◎這裡，真美！

駐足燕子崖下方，步道硬是在石壁裡開出一條路繼續延伸，望著燕子崖一層層堆疊的紋理，一邊讚歎著大自然的鬼斧神工，一邊慶幸沿途的階梯並沒有白走，整個燕子崖的寬度達數公尺，高度則有近十尺高，外表一層層紋理就像一塊巨大的千層派坐落在山谷之間，上頭覆蓋的植被彷彿說著這是一塊抹茶口味的千層派，一層一層的夾縫當中，鑿著隨機排列的坑洞，原來是早期有不少燕子在此築巢群居，因而有燕子崖之稱，隨著周邊發開，燕子漸漸減少而徒留今日的景觀。

當雨季雨量充沛時，燕子崖上方會傾洩出一道瀑布，行走於步道間猶如置身水濂洞，瀑布將山崖上的紋路蓋上一層絲縷，為這壯闊的景致蒙上神祕面紗，可惜當天造訪正值乾旱季節，未能一睹瀑布傾瀉而下，但也讓我們更清楚看見燕子崖的紋理，漫步在台版敦煌石窟之中，細細品嘗這一塊大自然的千層派。

Chiayi

information

🏠 嘉義縣梅山鄉

🚶 ★★★

📢小叮嚀：路段皆為陡峭階梯，建議著布鞋前往。

頂頭額沙洲

踩著頂頭額沙洲的紋理，
拍著撒哈拉沙漠的壯闊。

　　在國家地理頻道和許多國際級攝影大師的作品當中，經常可見一幅幅壯闊的自然景觀，每每令人屏息欣賞、讚歎不已，其中沙漠是在台灣鮮少能拍攝到的題材，看著細緻的沙子隨著風的吹拂，彷彿上天拿著梳子梳理紋路，漸漸堆積出一道道稜線，幻想自己是孤傲的旅人，獨走其間，只留下腳印。沒想到這樣的景致竟然可以在台灣看見，由河川沖積出來的砂土，經過台灣海峽的海浪挾帶，長年累月地堆積而漸漸露出海面，日復一日堆積成為一處沙洲。

⌕ How to go

「頂頭額沙洲」位於台南七股，這天我們走在環島一號線上，準備收錄台灣極西點「國聖港燈塔」，從台17線駛出，經過一塊塊鹽田與魚塭，人潮與車潮遠遠不及台17線，四周一片寧靜，筆直的道路行駛起來格外舒服，直到一座像東京鐵塔般的建築物，漆著黑白相間的色彩，緩緩駛近，記錄著象徵我們成功造訪極西點的環島痕跡，但一旁的沙洲卻更加吸引人，原以為只是一處海岸線的沙灘，直到我們走上看似最高的沙丘，後頭的景致讓我們全都看傻了！

■無聲的腳印，訴說著兩人漫步的故事。

■沙漠的稜線蜿蜒出完美的弧度。

◎這裡，真美！

金黃色沙子一路蔓延到蔚藍的大海，遙遠的距離讓人看不清楚有幾十公尺之遠，放眼望去全是一片沙漠，沙子在海風吹拂下，羅列出一道道曼妙的紋理，像是日本庭園造景的「枯山水」般，但又多了幾分自然不造作的奔放，漸漸堆疊出的沙丘，剎那間驟降，形成一條稜線，彷彿會有駱駝踏步在上方，踩出一條行走後的痕跡。越往後走，沙丘的表面越細膩，完全沒有人為的腳印加工，只剩下完整的紋理以及像開了美肌功能的平滑，慶幸當時沒有其他旅客，我們駐足不再向前，靜靜欣賞這最自然的景致。

當我們再次向前邁進，發現雙腳已被掩埋了近五公分的細沙。踩過細膩的沙子，每走一步便下陷，當腳再度提起，沙子像金沙般從鞋面流下，留下了一個清晰的腳印，直到美景令我們駐足停留觀賞。就這樣走走停停，時而陷下時而掩埋，望著無數沙粒，也按了無數張照片，一邊感歎著大自然的奧妙，一邊竊喜著終於拍到像國際級攝影大師的畫面，直到我們再次踏上環島的旅程，那樣的感動隨著我們進入台南市區，久久揮之不去。

■遊走在沙漠紋理，烙印著腳印。

Tainan

information

🏠台南市七股區

🚶 ★☆☆

📢小叮嚀：避免強風、旱季時前往。

四草綠色隧道

從台灣穿梭到亞馬遜河流域，
一睹絕美倒影祕境。

亞馬遜河堪稱全世界最危險的流域，裡頭有著各式各樣未知的生物以及絕美的景致，讓人想一窺其神祕面紗。台灣有一處水道堪稱「袖珍版亞馬遜河」，裡頭也有著豐富生態，特殊的綠色水上隧道倒影更讓許多攝影迷為之瘋狂。

■漫遊祕境的同時兼具寓教於樂。

○How to go

「袖珍版亞馬遜河」指的就是位於台南台江國家公園的四草綠色隧道，由於綠色隧道高度不高，下方水道被綠蔭遮蔽，從外頭幾乎很難看見樣貌。想一睹四草綠色隧道奇景，需要搭乘特定船隻進入。航行時間約二十至三十分鐘，原路去原路回來，過程中透過隨行導覽人員的介紹，可以認識不少生態。

◎這裡，真美！

隨著船隻緩緩前行，從開闊露天的河道直到綠蔭遮蔽的隧道，上方枝葉與下方水面呈現完美倒影，除了船隻滑過的水痕，水面靜如止水，四周景致彷彿凝結了。綠蔭時而稀疏時而茂密，陽光透射在綠蔭的縫隙，依稀可見一道道光線灑落。

雖然這裡不像一般的打卡景點，可以讓人悠哉地拍下一張張一同入鏡的意境照，但進入綠色隧道後，看著水面倒影，真的就像與世隔絕，似乎整個世界只剩下我們這一艘諾亞方舟，努力地往前，航向前方明亮的盡頭。

想一睹亞馬遜河奇景，不需機票只需要船票。

Tainan

information
🏠 台南市安南區大眾路360號
📞 06-284 1610
🕐 08:30～17:00，需事先購票
🚶 ★☆☆

夢之湖

樹林裡顛簸的路，
是通往夢境湖泊的唯一小徑。

　　某天就跟平常一樣，漫無目的地滑著IG，在一輪又一輪的九宮格裡，眼睛開啓了地毯式搜索，尋找著引人注目的照片，滑著滑著便出現了一張照片，四面被竹林包覆，末端透著微光帶點翠綠，中間則是一處湖泊，一位女孩側著身，露出婀娜多姿的曲線，湖畔邊停泊著一艘膠筏，看來有幾分詩意般的畫面打開了我們的好奇心，逐一在地圖、留言裡抽絲剝繭，直到確定了位置出發。

■夢之湖就隱匿在一片竹林身後。

■倚靠在湖邊的膠筏，頂頭竹林有著一片詩意。

○How to go

驅車前往六甲，順著得到的線索從174縣道出發，緊接著轉往南115縣道，隨著路寬越來越窄，直到僅容一輛汽車的車寬，完全無法會車，還好事先做足功課，特地改騎機車造訪，但路面顛簸不堪，陡坡直下，讓我們一路緊握著煞車不放，深怕一個拐彎便衝進一側的樹林裡，慶幸的是沿途對向並沒有其他來車，讓我們得以順暢行駛，直到進入一個小村莊，四周種滿了果樹，樹上果實纍纍，穿越村莊後，後頭便是一片竹林，夢之湖就在竹林後頭，宛如村莊的後花園。

Tainan

information
🏠台南市官田區
🚶 ★★★

📢小叮嚀：部分路段較窄不易會車，建議步行或騎乘機車。

◎這裡，真美！

抵達時，四周竹林林立，隨著微風吹過，不時發出一陣又一陣沙沙聲響，時而伴隨竹子即將斷裂的「嘎嘎」聲，心想要不是看見社群上的照片，這輩子大概不會來這種地方。望著遠處的竹林，中間鏤空透著一絲光景，一邊躡手躡腳地踩過掉落下來的竹葉而發出聲響，一邊擔心是否有像是蛇之類的生物隱匿在其中，直到穿過竹林，遼闊的湖景映入眼簾，那感覺就像是把日月潭所有人造建築全都撤除，穿越時空來到最原始的湖光山色，儘管當天烏雲密布，卻也多了幾分詩情畫意，四周寧靜得只剩下我們的驚讚聲，以及不時讓我們驚恐的「嘎嘎」聲。

再往另一頭探索，一艘艘膠筏並排停泊，站在膠筏上，彷彿依稀看見柳宗元〈江雪〉裡的場景，那一幕就像穿著蓑笠的老翁獨自坐在孤舟上，一側伴著山水墨的竹林，倚靠在湖畔邊，緊握著釣竿，四周沒有任何喧囂，靜靜等待魚兒上鉤。

望著手機上的時間，從174縣道拐進小路後，一連串的竹林小徑，原來我們才行駛不到半小時，卻讓人足足以為開了快一個小時。直到站在湖畔邊，更讓人以為我們走了三天三夜，來到深山裡頭的湖泊，夢之湖算是截至目前為止，我們探索的祕境當中，路途最崎嶇的一處，經過這次洗禮，對於騎乘山路已經沒有任何畏懼，但比起需要跋山涉水、登高爬梯，夢之湖顯得輕鬆許多。

■穿過竹林，遼闊的湖景頓時映入眼簾。

水蛙窟大草原

奔馳在藍天與綠地交接的神祕絲路。

　　生活在都市叢林的我們，每天踏出家門，面對的便是高樓大廈林立，原本遼闊的天空在高樓下顯得狹隘，隨著樓層的高低，一點一滴吞噬了藍天，就像生活在都市裡的井底之蛙，甚至才走出戶外沒幾步，便朝著地下樓層猛鑽，乘上捷運遊走在地底下層，更別說有多久沒看見一望無際、遼闊無邊的翠綠草原。

　　別壓抑了！讓我們一路往國境之南直奔，帥氣地跨上沙灘越野車，享受奔馳在大草原的快感，油門轉到底，直直往藍天與綠地的交接處而去吧！

○How to go

說到「水蛙窟大草原」，或許大家顯得陌生，但提到墾丁，想必是每個旅遊台灣，不論國內外旅客都耳熟能詳的夏日消暑勝地。

每到夏天，一席難求的沙灘上，無論男女紛紛褪去外衣展露身材；但這裡並不是我們的目的地，繼續沿著台26線的屏鵝公路行駛，繞過台灣最南點的鵝鑾鼻燈塔，一路欣賞著左側的翠綠草原、右側的湛藍海洋，直到抵達「龍磐公園」，這裡是進入「水蛙窟大草原」的入口，一旁擺放著一輛輛由水蛙窟社區經營的沙灘越野車，由教練領隊，我們將沿著顛簸的石頭路前進，一睹一望無際的療癒大草原。

Pingtung

information

🏠 屏東縣恆春鎮風沙路
500巷10-5號

🚶 ★☆☆

■一望無際的翠綠草原，後頭襯著美得虛假的藍天白雲。

■這一刻，宛如置身電腦螢幕經典桌布裡。

宛如西部牛仔般的場景。

◎這裡，眞美！

沿著越野車教練行駛出的車軌而行，一開始的路面蜿蜒而顛簸，夾雜沙子與岩石，但駕馭著沙灘越野車，感覺越是顛簸越有一份成就感，讓人完全忘了欣賞四周的景色，陶醉在競速的快感之中。隨著路面漸漸轉為水泥地，一抬頭，映入眼簾的竟是一望無際的翠綠草原，兩側隨意安插木頭，用一條細繩將彼此環環緊扣，蔓延到最遠處的山巒，後頭襯著美得虛假的藍天白雲，這一幕就像西部牛仔奔馳在大草原，只是我們駕馭的是沙灘越野車。

在教練引領下，我們停靠在這片草原唯一的道路上，聽著教練解說，但四周草原在微風吹拂下掀起一陣陣波浪，像是呼喊著我們，不斷吸引我們的目光。緩緩走向草原，就像走進電腦螢幕經典的桌布裡，草綠色拼接著上頭湛藍的天空，陽光徐徐灑落在身上，閉上眼靜靜聽著草吹拂後的沙沙聲響，顧不得教練在一旁陶醉的解說，我們也在忘我地享受大自然的沐浴。

來回一趟約莫一個鐘頭，徹底享受駕馭著沙灘越野車，奔馳在草原上的快感，讓兩側的草原包圍，行駛在唯一的道路，就像拍攝汽車廣告。這次的國境之南旅程，不再是以藍色海洋為主調，而是用嶄新的翠綠草原記錄下療癒的一刻。

星砂灣

碧海藍天中的金黃沙灘，藏著滿天星斗。

　　仲夏的夜晚，是銀河睽違一年的璀璨舞台，伴隨滿天星斗高掛在浩瀚無垠的天際，隨著時序慢慢上仰；仲夏的白天，是旅客期待已久的消暑時光，眺望碧海藍天坐落在金黃閃閃的沙灘，隨著海浪緩緩推波。每到這個時候，不論國內外的沙灘總是一位難求，一頂頂陽傘宛如一朵朵向日葵般，綻放在金黃色沙灘，多了陽傘的沙灘彷彿少了幾分單純。總是渴望碧海藍天與金黃沙灘如此純粹的色彩，幸好有幾處祕境沙灘，保有最原始樣貌，甚至藏匿著驚喜。

○How to go

　　星砂灣位於屏東恆春，距離熟悉的墾丁約莫不到十
公里，緊鄰一旁便是後壁湖漁港，雖然交通上不算太難
抵達，卻鮮少有遊客會特地造訪，也讓這處沙灘多了幾
分寧靜。這一天驅車在國道上，緊接在熟悉的台1線與
台26線上，是每位旅遊墾丁的旅客必經路段，一邊欣賞
著湛藍海水，一邊吹拂著涼爽海風，直到經過恆春後，
轉進右側的南光路，順著後壁湖的指引便能順利抵達。

Pingtung

information

🏠屏東縣恆春鎮大光路
　　123號

🚶 ★☆☆

■最末端的盡頭矗立著一座繫著藍腰帶的白色塔座。

■愜意而坐就像身在異國。

◎ 這裡，真美！

後壁湖漁港包圍著碧色海水，上頭不約而同停著一艘艘鮮藍底的漁船，為漁港增添幾分不同的藍色調層次，漁港另一頭隔著一座堤防，遮蔽了後頭的精采。踏上階梯後，原本眼簾裡的藍天沿著海平面拼接著湛藍海面，隨著距離漸層著碧藍、湛藍、水藍、翡翠綠等色，最後則推著一道扇形白浪，打在金黃色沙灘上，堤防兩側則放著一顆顆消波塊，泡在清澈的水中，沿著漁港一側的堤防而走，最末端的盡頭矗立著一座繫著藍腰帶的白色塔座，走在堤防上頭，兩側盡是透著沙灘的金黃而轉變為翡翠綠的海水，隨意選上一處而坐，放眼望去彷彿置身異國海島，感覺格外舒心。

星砂灣之所以為「星砂灣」，是因為在這片沙灘裡藏著滿天星斗，遍布著一種星砂的貝殼，外觀像星星的五角星芒，大小只有砂子一般大，所以必須仔細尋找才能找到，但隨著來來往往的遊客與商人將星砂拾離沙灘，現在要在沙灘找到星砂的困難度已經越來越高，甚至可遇不可求。儘管未能一尋星砂，星砂灣如此美麗的景色，也讓不少人驅車前來，靜靜地坐在沙灘，任由白浪一波波拍打，望著海水放鬆而放空。

蜊埤湖

倚坐靜如止水的湖畔，望著倒影猶如仙境。

　　登高駐足，望著群山層層堆疊，深山的神祕面紗，令不少登山迷為之瘋狂；未知的水域透著湛藍色澤，豐富的生態，同樣令喜好潛水的旅客著迷，當山與水交界出一處湖泊，平靜的湖面倒映著群山的景致，替彼此增添不少姿色，同樣令不少旅客如痴如醉。

■一旁的追思橋點綴幾分古橋禪意。

○How to go

　　早期因湖面形似蛤蜊而命為蜊埤湖，如今蜊埤湖和員山福園、員山公墓比鄰而居，讓蜊埤湖充滿了濃郁、神祕的殯葬民俗色彩，於是事先望著地圖，更加謹慎地規劃著進入的路線。

　　從宜蘭市區出發，順著台7丁省道進入員山區，緊接著便會看到蜊埤路，從這一頭進入則會完整地經過整個公墓，直到最末端才抵達蜊埤湖，因此我們特別繞到蜊埤路的另一頭，從大湖國小進入，便可避開行駛公墓的路段。

information

🏠宜蘭縣員山鄉蜊埤路11號

🚶 ★★☆

📢小叮嚀：建議導航可先設定至「大湖國小」，避免行經墓區。

◎這裡，真美！

　　從大湖國小一端進入，直到停妥車輛，距離公墓仍有一段距離，內心的恐懼遠遠勝過直接行經墓園，只見湖畔勾勒出完美的拋物線，四周全種滿了一株株落羽松，湖面靜如止水，清晰倒映著另一頭的景致，後頭趁著群山，雲霧在山與山之間穿梭飄渺，不曉得是平靜的水面或是鄰近的墓園，空氣中彌漫著一股寧靜、幽靜的氛圍，隨著霧氣逐漸下降，四周彷彿多了一股仙氣，駐足拍攝，襯著後頭的景致，女孩就像仙女下凡，整個畫面如詩如畫，宛如異國的湖光山色，完全打破一般人對墓園的陰森感覺。

翡翠谷

穿越神祕隧道，一探叢林裡的水簾瀑布。

　　花蓮的好山好水一直是不少旅客夏日消暑的旅遊勝地，一邊是綠沈色的山脈連接草木綠的稻田，一邊是湛藍的天空連接藍色漸層的海水，其中秀姑巒溪的泛舟更是享譽盛名。這次我們在IG上頭發現一處祕境，擁有平緩而細流的水簾瀑布，底下更有深淺適中的水池，勘比絕佳的消暑勝地，難得來上一趟後山，說什麼也要一探究竟！

隨著水流勾勒出一道道痕跡。

■想一探翡翠谷，得先走過百尺長的漆黑隧道。

■豐沛的水量，成了兩面水簾瀑布。

How to go

翡翠谷位於花蓮縣秀林鄉，緊鄰的便是曾經風靡的「慕谷慕魚」，沿著台9丙行駛到銅門大橋，橋頭一側便是徒步通往翡翠谷的道路，前段山路相當平坦好走，直到抵達一個漆黑的隧道，要不是遇見正要進入溯溪的玩家，真會以為是不是走錯路了。

隧道裡幾乎伸手不見五指，需要靠手機或手電筒照明，約莫百尺的隧道在一個轉彎後逐漸明亮，緊接著便是狹窄難行的山路，隨著瀑布聲響越來越清澈，山路則慢慢呈現下切的陡坡，不時可預見碩大且穿著繽紛衣裳的鳳蝶從眼前飛過，直到陡坡的盡頭，映入眼簾的便是涓涓細流的水簾瀑布。

◎ 這裡，真美！

一抵達時真會讓人有種置身世外桃源的感覺，與剛才行走的山路截然不同，豐沛的水量順著堤防傾瀉而下，平緩而細流，勾勒著一絲又一絲將近三尺高的水流，像是覆蓋上一層絲綢般，下方則是及腰水池，清澈而沁涼的溪水透著溪底一塊塊圓潤的石頭，水池周邊則是一塊一塊尚未被溪水雕琢的岩石，後頭襯著像是水簾般的瀑流，拍下一張張宛如仙境般的意境照，在這樣得天獨厚的地理環境之下，也難怪會成為在地人私房的消暑勝地，一處置身山谷裡，最天然的露天泳池。

Hualien

information
🏠 花蓮縣秀林鄉
🚶 ★★☆

石梯坪

沿著大自然的石梯，
倚坐在單面山望海。

　　台灣小小的猶如番薯，卻藏著無數、豐富的地形樣貌景觀，東半部的地景更是多元，不論是壯闊的峽谷、奔騰的瀑布、遍布紋理的石壁，在在令人讚歎，尤其沿著海岸線遊走在宜花東，每拐過一個彎都有值得停留的美景，其中「石梯坪」更是一處不按牌理出牌的地貌，讓每位造訪的旅客，都流連於這個驚喜多變的景點中。

■不規則的地貌，望著太平洋的海。

○How to go

　　行走在台11線的花東海岸公路，一面望著湛藍漸層到蔚藍的太平洋海，一面望著樹木林立的高山，彷彿行走在藍與綠的縫合線上，整個路段鮮少車輛，海風一波波吹拂而過，讓人不禁望著兩側的風景放空，直到台11線64公里處，彎進延伸出的小路，彷彿又離海更近了一步。正當停好車輛，順著步道朝海岸線前行，眼前的小山壁誘使著我們邁開步伐一躍而上，但後頭卻不是我們所認知的景致。

Hualien

information

🏠 花蓮縣豐濱鄉

🚶 ★☆☆

📢小叮嚀：地勢險峻，注意自身安全。

■雪白的石壁，點綴顆顆黑石。

◎這裡，真美！

　　原以為後頭應該與行走上來的石梯有幾分相似，沒想到山坡像是被硬生生劈開了兩半，而另一半彷彿沉溺在海底，站在山坡上的制高點，再往前一步便是懸崖，原來這處是擁有「單面山」之稱的地質景觀。高17公尺的單面山，沿著石梯一步步登上，不僅可以飽覽整個石梯坪的地質景觀，就連太平洋的壯闊浩瀚景象，也能盡收眼簾。一塊塊帶著石灰般的灰，上頭的石礫像是被撒上黑芝麻，一波波層層疊遞，像從海面噴發衝出，一層層的紋理猶如寫著地質的日記，日日夜夜堆積，時而一層雪白，時而一層淺灰，就這樣烘焙出大自然的千層派般，乍看又有幾分大理石紋蛋糕的感覺。

　　儘管沿著石梯走向至高點，看似有些驚險，稍不注意便投入湛藍大海的懷抱，但登高後的景致卻讓人大大讚歎，廣闊無際的湛藍大海，不斷推著一波波海浪，拍打著一旁的奇岩怪石，濺起雪白浪花，海平面之後的天空，像是渲染上雙色溫，由暖色調的橘紅漸層到冷色調的天空藍，漸層連接處呈現一抹光亮，沒有夕陽落入海面的東岸景致，卻有夕陽西下後的反霞，為這看似一片灰階的地景，增添了幾分色彩，讓人靜靜坐著，直到天黑。

大坵生態樂園

置身馬祖的神祕國度，
宛如梅花鹿的亞特蘭提斯。

　　還記得童話故事裡頭的「小鹿斑比」嗎？可愛逗趣的模樣總惹小孩喜愛，甚至童言童語地想把它當作寵物飼養。長大後，爲了一圓小時候的夢想，不少人特地前往日本奈良的梅花鹿公園，近距離接觸梅花鹿。但你知道在台灣馬祖列島有一座小島，上頭就有一大群野生梅花鹿嗎？走在環島步道，不時會有梅花鹿與你打招呼，甚至跟隨著你一起漫步，讓你頓時有種錯覺，這裡眞是台灣嗎？沒錯！這裡正是台灣馬祖。

⚲How to go

想一睹梅花鹿的神祕國度，必須先前往馬祖南竿或北竿，再轉搭前往大坵的交通船，依照月分不同，每天只有一至二班船班，通常都是原船上島、原船離島，可依照自身行程規劃，選擇從南竿、北竿上船，離島後也可以選擇返回北竿或南竿。航行時間約莫30分鐘，並在島上停留兩個鐘頭左右，而島上目前只住著一戶人家，便是整座島的梅花鹿飼主，經營民宿並與梅花鹿過著自給自足的生活。短短兩個鐘頭的停留，足以讓旅客徒步走完整座大坵島，抑或悠閒地在島主經營的民宿，喝杯涼品，與梅花鹿合影。

Matsu

information
🏠 連江縣北竿鄉橋仔村4鄰164號
📞 0927-189-032
🚶 ★★☆

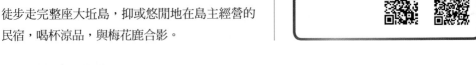
■隱約的赤潮，是藍眼淚爆量的前兆。

■前往神祕國度需搭乘馬祖交通船。

■坐在島上的涼亭便能將島嶼風光盡收眼底。

◎這裡，眞美！

一登上島，遠遠可見一群群梅花鹿群，瞪大著眼迎接我們，並緩緩靠近，似乎在打量我們是否帶有牧草。明顯可以感受到靠近碼頭這一端的梅花鹿群，可能因為每天旅客來來往往的緣故，顯得較親近而不怕生，旅客往往才剛登島就被吸引，紛紛搶著合影。

沿著環島步道而行，不時可見梅花鹿帶著小鹿站在步道上，阻擋著我們的去路，與印象中的梅花鹿習性完全不同，遠處還能眺望「高登島」與藍綠色海水，隱隱約約夾雜著「赤潮」，看見這樣的海水，可別以為馬祖的海不乾淨，這可是幸運的象徵，意味著晚上有極高的機率可以看見藍眼淚。

繼續沿著環島步道而行，每每正當我們陶醉在一望無際的海景時，一旁的草叢總會竄出鹿群觀望我們，離碼頭越來越遠，便會發現這一頭的鹿群較為怕生，往往只會遠遠觀看，稍有驚動便躲入草叢裡，約莫一小時左右的環島，讓人過足了近距離接觸梅花鹿的癮，真的很難想像在台灣有這麼一座小島，宛如梅花鹿的神祕亞特蘭提斯。

坤坵沙灘

西莒遺世的沙灘，連接彼岸的蛇島。

　　對於正值新訓的阿兵哥來說，到退伍前的日子是好是壞，莫過於在新訓時抽的那支籤！其中，「金馬獎」更是所有新兵最不想抽中的籤王，除了因爲這裡是第一線戰場，更是久久才能放假返鄉一次，回家的路途甚感遙遠，對於一年兵役的義務役而言，往往第一次放假後，下一次可能就是退伍了。位於馬祖的西莒，島上人口甚少，生活在這座島上的居民，幾乎每個人彼此都認識。而除了居民以外，大概就只剩下軍人了，想起造訪西莒當天，我們是唯二的旅客，另一位便是與我們入住同一間飯店的攝影師。騎乘機車，奔馳在島上的道路，沿途遇到的盡是漆著迷彩的軍用貨卡，順著馬路騎去，不時會直接通往營區的哨口，看著哨口站崗的士兵雙手緊握步槍，頓時間覺得又緊張又好笑，緊張的是面對上膛的槍與雄赳赳的氣勢，好笑的是，其實我們知道彼此的內心都很緊張。對於甚少觀光資源的西莒而言，又是什麼吸引我們造訪，甚至願意住上一晚，一切都在一個沙灘找到了答案。

■入夜後，銀河高掛天際。

■海岸線全是藍眼淚的蹤跡。

How to go

　　前往西莒的船班由南竿的福澳港啟航，按照單月的先西後東或雙月的先東後西，依序停靠東莒、西莒，約莫五十分鐘的航行時間，直到靠泊青帆港。Google地圖在西莒完全行不通，唯一較準確的資料，大概就是紙本地圖。坤坵沙灘位於西莒最西邊，距離青帆港不遠，因此只要順著港邊往西行便能抵達。

Matsu

information
🏠 連江縣坤坵沙灘
🚶 ★★☆

📢 小叮嚀：蛇島為保育區，嚴禁登島上岸。

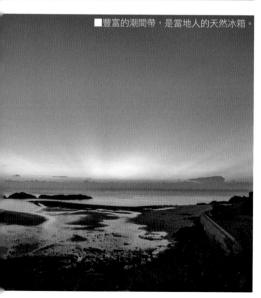

■豐富的潮間帶，是當地人的天然冰箱。

◎這裡，真美！

這趟會特地造訪坤坵沙灘，全是因為在南竿時，朋友訴說著退潮之際，就像摩西分海，坤坵沙灘會露出一條沙路，連接通往彼岸的「蛇島」，更在傍晚時，可以看見夕陽餘暉倒映在海面上，閃耀著金黃光芒，緩緩落下海平面，因此出發前便查過潮汐、日落時間，特別選擇這一天造訪。

驅車抵達坤坵沙灘時，對岸的蛇島在漲潮時，僅剩的島嶼就像一條優游在海面的海蛇，眼前景致隨著時序慢慢改變，潮水漸漸上漲、夕陽緩緩落下，直到最後還特別送上絕美的晚霞，看著霞光從海平面射出，橘紅色光線襯著寶藍色天空，讓我們流連忘返。

入夜後的景致，也不遑多讓。滿天星斗遍布在漆黑的天色，毫無光害的離島總有最美的銀河高掛，突然間海浪中隱約藏著一陣藍光，那是馬祖夏季限定的藍眼淚，隨著海浪一波波翻攪而發亮，隨著潮水漸漸上漲，整個沿岸全是螢光藍的星點。

這一個夜晚，我們置身在天上的滿天星斗與海面的湛藍星光之中，看著蛇島靜靜伏臥在海面上，這就是我們特別造訪西莒的主要原因。

神祕小海灣

兩側高聳的岩岸，
傾注著海水的湛藍。

　　跳島旅遊最令人期待的，莫過於放眼望著靛藍的海水，沿著海岸邊踩著金黃色沙灘，浪花拍打雙腳，在陽光照射下褪去外衣，將全身浸泡在海水中，但旅遊馬祖可就跟想像的跳島旅遊有所差異了，地形與生態上的截然不同，甚少蔓延數百公尺的金黃色沙灘，多半是距離海平面有一定高度的岩石峭壁。還記得這天跳島在東莒島上，騎著機車往來在景點與景點之間，行駛在島上最外側的道路上，突然看見一處岔路延伸到高聳的岩岸之間，路邊矗立著老舊的手寫指標「神祕小海灣」，引起了我們的好奇心，於是決定拐進一探究竟。

■入夜後，銀河高掛在兩側岩石之間。

■純樸的石頭屋，對映著潔白的燈塔。

Matsu

information
🏠 連江縣莒光鄉東莒島
🚶 ★☆☆

⟲How to go

神祕小海灣位於馬祖東莒島，是東莒欣賞藍眼淚的祕境之一，更是不少攝影愛好者的私房景點。順著大坪聚落往大浦聚落的方向行駛，再由大浦聚落沿著最外側的道路往北，感受緩緩爬升的同時，便可望見東莒島另一側的景致，由上坡轉為下坡時，路旁一處涼亭便可以欣賞整座島嶼風光，以及依稀看見神祕小海灣的蹤跡，直到平面行駛時，轉進神祕小海灣的岔路就在右手邊。

◎ 這裡，真美！

　　駐足涼亭時，高聳的地勢將東莒另一頭的島嶼盡收眼簾，看著海水包覆翠綠的島嶼，盡頭則是潔白顯眼的東莒燈塔，在綠色植被中點綴著一棟棟純樸土色的石頭屋，而另一側的岩石，彷彿有著一頭伏臥的獅子，綠色植被猶如茂盛的鬃毛，隨著海風隨意晃動。

　　拐進岔路後，一處看似不起眼的地方，直到踏進海灣，便有如世外桃源，看著四周的岩石峭壁包覆著湛藍的海水以及置身其中的我們，由蔚藍水色漸層到透著砂石的色澤，隨著海浪一波波推進，勾起一道白浪，伴隨著微微浪濤的聲響「唰⋯⋯」，靜靜地蹲坐在一側的石頭上，看著白浪一波接著一波，海風徐徐吹拂，感覺真的好不愜意啊！

　　晚間我們又再次造訪神祕小沙灘，希望能一睹藍眼淚的奇幻景致，可惜正值退潮之際，海水退得比白天造訪時還要後頭，但也意外看見高掛的銀河，筆直座落在兩側岩岸之中，更讓我們對神祕小海灣的美麗多了幾分感動，雖然無緣邂逅藍眼淚，但我想這是讓我們有了下次再訪的理由。

■一側的崖邊，伏臥著沉睡的獅子。

榕樹隧道
綠蔭遮天，
數十年而成的綠色隧道。

　　馬祖跳島之旅是一趟神奇的旅行，一路從東引、南竿、北竿、大坵、東莒、西莒，只要任何有航班會到的島嶼，我們都決定登上島去看看，甚至住上一夜，就算是鮮少觀光資源的島嶼，而西莒便是這樣一座島嶼。

　　幾乎沒有觀光客的小島，只有少數居民以及含淚駐紮的軍人，畢竟「金馬獎」可是不少男人當兵時最不想抽中的「籤王」。那天為了尋找一間隱身村落的「亞亞餐廳」——外表看起來就像一間軍用品店，用餐處則是兼營的網咖，相傳老闆娘的手藝是每位在西莒當過兵的軍人，念念不忘的好滋味，才意外讓我們發現這一處祕境。

■在網咖裡頭，品一口軍人難忘的好滋味。

◎這裡，真美！

　　原本熱得發燙的柏油路上，熱氣使得遠方的景致猶如搖搖晃晃的海市蜃樓，轉進榕樹隧道後，熱氣瞬間消失得無影無蹤，明亮的路面覆蓋上一層陰影，隨著微風吹動枝葉，陰影在路面上隨意晃動，突然那裡射出一道光線，這裡又出現一個光斑。兩側綿延數百公尺的榕樹，彷彿彼此緊扣著對方，形成了一處圓拱狀的天然隧道，不時行駛過一輛又一輛的軍用貨卡，原來這處榕樹隧道的背後，功不可沒的正是這些軍人。

　　原本光禿禿的路面，不論是軍用貨卡或戰車行駛都鮮少遮蔽，幾乎一目了然且毫無掩護，因此特別在路面兩側種植榕樹，沒想到三十年過後，經由高壓的東北季風和光合作用的反方向導引，形成如今別具風情的榕樹隧道，兩段榕樹隧道之間的缺口，還能眺望對面的東莒島，在海天一色的錯覺下，乍看彷彿飄在天際的空島，為榕樹隧道增添幾分景致。俗話說：「前人種樹，後人乘涼。」走在這一段榕樹隧道上，有著很深刻的體會，若是沒有當初軍人的種植，我們也沒有如此雅致的景色可以觀賞。

■隧道的缺口，依稀可見東莒島飄在天際。

Matsu

information
⌂連江縣莒光鄉西莒有容路
🚶 ★☆☆

○How to go

一抵達西莒，便可以感受到整座島嶼有別於其他島嶼的氛圍，上下船的不是居民就是軍人，我們應該是屈指可數的觀光客，一下船，也差不多正值中午時段，簡單詢問相傳的「亞亞餐廳」位置後，便驅車前往。不得不說，Google地圖在西莒島上可說是完全當機，地圖上的路線與實際道路有幾分出路，常常騎著騎著就直接抵達軍營哨口，迴轉後又抵達另一個哨口，感覺就像在營區裡面鬼打牆，但也意外讓我們發現許多地圖上沒有的景點。

究竟該如何抵達榕樹隧道呢？其實這一處榕樹隧道便是島上的「有容路」，從清帆港出發後，右轉進一處爬坡，直到遇見一個圓環，跟隨復國路的指標而行，第一個岔路轉進左手邊，便會看到這一片綠蔭遮天的綠色隧道。

Mysterious Landscape
神隱系祕境
讓我們在對的時間相遇

鯉魚潭鋸齒堰
靜如止水的水庫，升起一枚巨大齒輪。

　　苗栗卓蘭的鯉魚潭水庫，近年是許多攝影迷的私房景點。它擁有國內首座採鋸齒狀的特殊設計，每當雨季來臨，豐沛的雨水將水庫注滿，溢滿的水順著鋸齒狀而呈現一道道瀑布，吸引大家前往取景拍攝。

○How to go

　　位於苗栗卓蘭的鯉魚潭水庫緊鄰大安溪，周邊交通相當便利，不論是外縣市行駛國道一號，或是鄰近縣市行駛台3線或台13線，抵達卓蘭後順著鯉魚潭水庫專用道行駛便可抵達，若是從國道一號或台13線方向而來，沿途還能看見鐵路新舊山線。

Miaoli

information
🏠 苗栗縣卓蘭鎮西坪
🚶 ★☆☆

📢 小提醒：滿水位約莫夏季時分。

◎這裡，真美！

　　停妥車輛後順著園區步道而行，遠遠便可以聽到瀑聲淙淙。隨著步伐一步步靠近，瀑聲就像被轉動了喇叭的旋鈕，漸趨震耳欲聾，直到駐足觀虹橋上，聲響瞬間像是開啟了立體環繞音響，猶如萬馬奔騰，對照水面靜如止水，成了極大的反比。

　　特殊的鋸齒堰設計，就像把一枚巨大的齒輪丟進水庫，顯露出四分之一的齒輪，成了壯闊的瀑布，隨著水流而下，瀑沫隨風散開，迎面潑灑而來，顧不得鏡頭覆蓋上一層水霧，為炎炎夏日增添不少消暑作用，每個鋸齒間距在陽光照射下顯現一道道小彩虹，彷彿彩帶般牽連著所有瀑布。

　　近年來因為欣賞鋸齒堰的方向剛好正對著東方，加上四周光害甚少，成為絕佳的日出攝影點，不少攝影迷便會早早前來卡位，尤其是鋸齒堰正中間的位置，往往一位難求，不少攝友更是從晚上的星空一直拍到日出。伴隨著鋸齒堰七、八道瀑布，彷彿現場聆聽一場交響樂演奏，有別以往寧靜地欣賞星空，好不震撼！這樣的場景雨季限定，也讓鋸齒堰壯闊的景致更為難能可見。

■倚坐一旁涼亭，靜聽飛瀑宣洩。

高山青農場

雪青色的繡球花，
是少女夏季最浪漫的捧花。

　　二十四節氣才剛走進立夏，花花世界也將進入另一波高潮，猶如下雪的桐花、嬌艷欲滴的海芋、出淤泥而不染的荷花、鮮艷橘紅的鳳凰花、璀璨鮮黃的阿勃勒，在一片片綠蔭當中綻放，吸引旅客爭相造訪，2017年似乎多了另一位新人「繡球花」登上舞台，以渾圓的姿態、浪漫的花色，席捲每一位少女的IG版面，最知名的莫過於陽明山上的竹子湖，正當中南部朋友煩惱著千里迢迢的車程時，其實在苗栗南庄有一處農場，盛開著數百公尺的繡球花道，趁著短暫的花期，我們也把握機會前往一探究竟。

📷 這裡，真美！

高山青的繡球花就像這裡的迎賓大道，正要轉進園區裡頭，便可看見兩側滿滿的繡球花，看著車窗劃過一朵朵繡球花，讓人早已迫不及待想下車了。沿著剛剛行駛的道路，堤防被翠綠的綠毯覆蓋了過去，盛開的繡球花宛如在綠毯上頭，點綴出最浪漫的色彩，一團團可愛的模樣，看似帶點紫的藍又彷彿帶點藍的紫，近距離觀看，不論是花毯裡一團團或花團裡的一朵朵，都呈現深淺不一的色彩，漫步其中帶了幾分愜意與日系氛圍。

沿著繡球花的花毯，找上一面最漂亮、最繽紛的牆面，簡單的姿勢或不經意地路過，都彷彿一張張外拍的美照，換著角度讓道路無止盡延伸，時而彎曲時而筆直，愜意地散步而過，就又像MV裡最自然的鏡頭，讓人不禁想來來回回走上好幾趟，感受繡球花最浪漫的景致。

Miaoli

information

🏠 苗栗縣南庄鄉蓬萊村14鄰30號

📞 03-782-1517

🕐 10:00-19:00，門票100元，可部分折抵。

🚶 ★☆☆

📢 小叮嚀：繡球花期約5月中旬至6月底。

■漫步其中，有種日系氛圍。

■沿著園區步道，點綴一朵朵繡球花。

○How to go

　　高山青農場位南庄，行駛在台3線上可見兩側群山圍繞，隨著行駛的速度，兩側風景彷彿也隨之變化，為枯燥乏味的車程增添幾分精彩，但想一睹繡球花的景致還得繼續行駛124縣道，沿著蜿蜒崎嶇的山路一路直上，穿梭在山林裡之間，數不清轉過了幾個髮夾彎，直到看見一道拱門，上頭寫著「高山青農場」，帶著期待而雀躍的心情，準備迎接浪漫的繡球花。

大雅小麥田

在對的時間，
原來我們這麼近。

「麥香，原來我們這麼近」、「熟悉的麥香最對味」，幾句琅琅上口的廣告詞，從六、七年級生到現在的九年級生，麥香的品牌深植人心。你知道台灣種植小麥最多、面積最廣的縣市鄉鎮在哪裡嗎？每年三月，這裡總是一片金黃色，微風拂過，便「沙沙」作響，陽光斜射在小麥穗上，閃著金黃。以小麥為主軸舉辦的「小麥文化節」，短短幾周不到的熟成，也讓小麥田的金黃成為一年一度限定版祕境。

■簡單的道具，特寫也很有味道。

Taichung

information

🏠台中市大雅區神林路231巷

🚶 ★☆☆

🔊 小叮嚀：小麥季為每年三月左右。

■透過田埂的延伸，拍下一大片麥田。

○ How to go

台灣種植小麥最多的鄉鎮，就位於台中市大雅區，每年約莫三月熟成，整個大雅農田放眼望去一片金黃，不少農家更採用類似梯田方式種植，使小麥田呈現一階一階，隨著距離產生些微差距的金色色階。當地小麥田主要作為經濟來源，並非開放旅客觀光，因此造訪時別忘了事先詢問是否能拍攝，且務必行走田埂，不要隨意踏進小麥田。

◎ 這裡，真美！

在這裡，你可以透過借位，分別站在兩側田埂拍下宛如置身小麥田的美景；也可以透過田埂的延伸，隨意地或站或坐，任由小麥穗包圍；抑或是透過簡單的道具拍下局部，整個氛圍顯得更引人目光。尤其在午後接近傍晚之際，斜射的陽光為麥穗增添一層金黃，不時波動的麥浪透露了風的蹤跡，宛如金色大海波光粼粼。從翠綠到金黃短短數周不到，緊接著便是豐收的季節，也讓小麥的景致留在旅人的底片。這裡是大雅小麥田，一年一度的限定版祕境。

外埔忘憂谷
我看見的草木綠，是你那時的金黃。

　　稻田就像大自然的魔術師，灌溉時平靜的水面呈現一面鏡子，插秧、成長後則有了翠綠，直到熟成更是一片金黃，不同時期擁有著不一樣的視覺效果與氛圍。當一陣風吹過，一波波稻浪伴隨著「沙沙」聲響，聽起來格外療癒。

○How to go

　　「外埔忘憂谷」是指台中外埔區的一大片稻田區，從堤防沿著溪底路緩緩爬升，走過一處比人高的草叢，瞬間有柳暗花明又一村的感覺，絕佳的登高眺望處，將幾近180度的稻田視野盡收眼底，有別於池上的觀景角度，一側看著閃電狀的蜿蜒小徑穿梭在一塊塊稻田之間，另一側的稻田則像一塊塊縫合拼接的綠布，隨著不同時間的陽光照耀，稻田的綠呈現出不一樣的變化，不同時期造訪，更有翠綠、金黃色樣貌，尤其是休耕時，稻田種滿粉嫩的大波斯菊，瞬間成為一片花海，讓忘憂谷有了千變萬化的景色。

Taichung

information

🏠台中市外埔區
　溪底路 📍

🚶 ★☆☆

📢小叮嚀：1～2月休耕，部分種植大波斯菊；4～5月、10～11月呈現金黃色。

◎這裡，真美！

在這裡，你可以看見一對對情侶漫步其中，抑或女孩蹲在被稻穗包圍的田埂留影，甚至是一群大學生奮力一跳，充滿無比青春的氣息。你可以選擇在居高臨下的位置欣賞一波波稻浪，也可以置身其中，近距離聆聽風拂過的聲響，徹底將煩惱拋到九霄雲外，好好地在忘憂谷忘憂。至於究竟是什麼顏色讓你忘憂？什麼色彩讓你療癒？我想，只要登上忘憂谷，自然會得到答案。

■不規則拼接的翠綠稻田。　■一塊塊宛如大自然的七巧板。

■不同季節呈現不同的地景顏色！　217

福壽山楓葉林
趁著冬季的楓紅，帶走一片「楓」景。

　　那一年，你告訴我，冬天的大地是雪白色，我羨慕著你那一頭的高山景致，而你繼續訴說著冬天的天空是整片通紅，我望著窗看向遠方，是我熟悉的天空藍。直到隔年上了福壽山，我才深信你沒有騙我。那一幕，看著僅存的藍天在一片通紅之間刷著存在感，太陽努力在微風吹開的縫隙中閃耀著，望著猶如滿江紅的天際，原來你說的風景，是那一片「楓」景。

■沿途的景致，令人心曠神怡。

■隨著陽光，楓葉時而橘紅、時而金黃。

○How to go

　　翻開地圖，尋找福壽山的地標，看著路線似乎只要從台中市區沿著台8線一路直上，但想一睹這樣的美景，可沒有想像中來得容易，因為台8線設有路段管制，想一登福壽山必須先到南投埔里，沿著往武嶺的路線向上，至少得開上四到五個小時，但往往沿途的景色只會讓車程不斷延長。

Taichung

information

🏠 424台中市和平區
　　梨山里福壽路29號
📞 03-782-1517
🚶 ★★☆

📢 小叮嚀：楓葉季約11～12月左右。

◎這裡，真美！

費盡千辛萬苦才抵達福壽山農場，只見遠方樹木頂著一頭橘紅色葉子，隨著步伐緩緩走向楓葉最茂盛的松廬，看著天空的藍漸漸消失在眼簾，取而代之的是不同深淺的暖色調，陽光的照射下時而橘紅，時而金黃，枝幹在楓紅中勾勒出一道道黑色線條，就像毛筆在宣紙上恣意行走。往後頭走，隨著楓葉高低巧妙劃分出變色的時間差，呈現出綠色、黃色、紅色等不同色彩，使得楓葉的層次更加豐富。逆光看著不同顏色的楓葉，在陽光照射下透徹，時而隨風搖晃，直到陽光映入眼簾，那一刻美得猶如電影場景。

■福壽山的松廬每年都會盛開通紅的楓葉。

東勢林場

夜裡的繁星點點，
是提著燈籠的火金姑。

一幕幕螢火蟲紛飛的場景，是每到夏季不少攝影
人創作的題材，但想一睹螢火蟲的點點螢光，可需
要良好的環境、乾淨的水質，才有機會看見。

⚲How to go

每當季節來臨，總有不少攝影迷分享各地螢火蟲美景。看似隨處可見的螢火蟲，其實需要非常良好的環境才能看見，像是乾淨水質、鮮少光害等，一張張精采的照片其實都是在伸手不見五指的情況下拍攝完成，以台中來說，最知名的莫過於位在東勢的東勢林場。

沿著台三線進去東勢區，緊接著順著勢林街，行駛在蜿蜒的山路上，造訪東勢林場並沒有多大的難度，難的其實是能否幸運一見螢火蟲的身影。

■置身樹林裡頭，吸收滿滿的芬多精。

◎ 這裡，真美！

　　隨著夜幕逐漸轉為漆黑，沒有月光的今晚，少了幾分浪漫，卻也增加了看見螢火蟲的幸運。拿出預先準備的紅色玻璃紙包覆著手電筒，微弱紅光在漆黑的樹林裡劃開一道淡淡的粉色，突然間，遠處閃著一絲綠光，固定頻率的螢光在漆黑的空氣中畫出一條虛線，緊接著又一條，直到眼簾遍布著點點螢光，宛如地面上的繁星，就算是譬喻成流星也非常貼切，隨著飛舞拖曳長長的軌跡，就像置身在日本動畫電影場景裡，任由螢火蟲在身邊圍繞，而遠處的光點像是城市裡頭失焦的光景，為遠處漆黑的樹林點綴上點點光暈，直到晚間八、九點，螢火蟲紛紛提著燈籠返回樹叢，但今晚的感動依然猶存在每位造訪旅客的心中。

Taichung

information
🏠 台中市東勢區勢林街6-1號
📞 04-2587-2191
🚶 ★☆☆

📢 小叮嚀：桐花季約5月左右，
　　欣賞螢火蟲時，燈源需覆蓋紅
　　色玻璃紙，切勿喧譁。

■遍地的草皮，點綴著五月雪。

阿勃勒黃金步道
早晨走在這兒，抬頭仰望陽光照耀的金黃。

驪歌響起，每到仲夏之際的六月，便是莘莘學子即將步出校園，展開人生下一個階段的時候，屆時鳳凰花開，純藍的天際點綴上朵朵艷紅的花朵，也提醒著我們又到了畢業季。但除了鳳凰花以外，還有另一種植物也意味著畢業的到來。認識它的第一印象，無不被它的氣味給震驚，一條條懸掛在枝頭上的種子，一打開卻有著難聞的氣味，沒錯！它就是「阿勃勒」。

■襯著藍天，花顯得更加鮮艷。

♀How to go

　　每到花期，各地的阿勃勒總會盛開鮮艷的黃花，與艷紅的鳳凰花爭奪天空的藍與地上的面積，緊鄰中興大學一旁的興大路，兩側綻放茂密黃花，頓時為翠綠的市容增添色彩，隨著微風緩緩落下一片片花朵，將人行步道染成一片金黃。這裡很容易抵達，只需要搜尋中興大學。但如果在不對的時間前來，便無法一探這金黃祕境的美景。

◎這裡，真美！

　　遠遠地行駛在興大路，便可以看見兩側的阿勃勒盛開。停妥車輛，早已迫不及待地想直奔步道，抬頭仰望陽光照耀在鮮黃花瓣之中，隨著枝幹擺動閃耀著金黃，頓時一陣微風吹得花瓣緩緩落下，眼前宛如下起一陣黃金雨，將原本磚紅色的步道覆蓋上一層鮮黃，傳說中的黃金步道便活生生地出現在眼前，久久令人無法回神。望著這樣的美景，彷彿耳邊傳來一驪歌旋律，想像著每一位即將步出中興大學的學生，穿著學士袍走在上頭。我想，這裡除了是每位中興大學師生的祕境，也是每位畢業生最棒的畢業禮物了。

■走出教室，來一趟寓教於樂的校外參觀。

Taichung

information

🏠 台中市南區興大路綠園道

🚶 ★☆☆

📢小叮嚀：花期約在五月左右。

霧峰落羽松

當樹頭落下橘紅色羽毛時，
是秋冬來臨的符號。

氣候宜人的台灣，每到春天百花齊放，各地綻放萬紫千紅的花朵。而在春季來臨
之前的秋冬，也有不少植物與花卉，搶先一步渲染了天空，不論是令少女心大噴發
的浪漫櫻花，抑或是宛如下雪般的白色梅花，甚至是由翠綠轉橘紅的楓葉，每每令
人爭相一睹風采，陶醉在盛開的花朵美景下。台中則有一處落羽松祕境，倒映著水
面影子，一排排整齊排列的落羽松，宛如進入鏡射的魔幻世界。

◎這裡，真美！

走在才剛插上翠綠稻苗的田埂，看著遠處的落羽松呈現翠綠、鮮黃、橘紅三種不同層次的色調，灌溉後的稻田成了最自然的鏡子，倒影著整齊排列的落羽松，隨著步伐走進落羽松林，抬頭仰望，少了原先熟悉的天空藍，取而代之的是意味著秋冬來臨的橘紅，一片片落羽松懸掛在枝頭，在陽光照射下閃耀著金黃與火紅，背景則襯著尚未變色的翠綠，小小一片落羽松上頭就存在著微妙的變色景致。

看著一排排落羽松之間匯集一條水渠，下意識彎下身子取景，那一刻美得如詩如畫，不時緩緩落下的落羽松在水面勾起一陣漣漪，不禁讓人轉移注意，靜靜欣賞水面下的落羽松，沉浸在水面下的落羽松就像是被水封存了，盡全力展現遺落後的美麗。

⚲How to go

位於台中的「霧峰落羽松祕境」緊鄰國道六號。行駛國道三號往台中方向，接續國道六號，過台63線即可準備下交流道，接續行駛北岸路，沿途便可以看見橘紅色的落羽松映入眼簾。

information
🏠台中市霧峰區北岸路
🚶★☆☆

📢小叮嚀：落羽松轉紅約12月左右，依氣候而定。

芒草之路
走在一片雪白的孤寂公路。

　　這處祕境是我們環島時，正準備從南投轉往嘉義，行使在地圖的導航路線，遠遠望見前方雪白的芒草包覆著一條鋪著柏油的公路，但地圖上卻毫無這條路，美侖美奐的景致卻也勾起我們的好奇心，沿途尋找接往那條神祕公路的岔路，意外展開了我們尋找「青鳥」的旅程。

■柔軟的芒草，宛如羽毛。

■當風吹拂而過，芒草隨風擺動著。

♀How to go

這處祕境是地圖上、網路上從未曝光的地點，更別說有地標可以搜尋，全因為平時這裡就像一片荒蕪，只有在芒草季的九月、十月，才能一睹這樣的景致，讓我們取名為「芒草之路」。若硬是要設定個地標，則可以將導航設定為位於南投竹山的「龍門大橋」，順著台3線行駛，接上南投往返嘉義的149縣道，準備進入嘉義的山區前，便會經過這處「芒草之路」，順著一旁的岔路陡坡而下即可抵達。

Nantou

information
🏠 南投縣竹山鎮龍門大橋
🚶 ★☆☆

📢小叮嚀：芒草季為9～10月左右。

◎這裡，真美！

初抵達時，我們望著公路冒出無止盡的問號，為什麼會有這麼一處鋪著柏油、塗著雙黃線的公路，完全沒有車輛行駛，平整而黝黑的柏油，看似沒有任何車輛行駛的痕跡，與兩側雪白的芒草成了極為對比的反差。公路就像一條有著雙黃線紋路的巨蛇，蜿蜒在芒草堆中，一路無止盡地延伸。我們也順著公路探險，直到最末端，所有的問號全都得到解答了！原來是最前方橫跨加走寮溪的路段，或許是受颱風、溪水暴漲等因素，整個柏油路段被沖毀，造成車輛完全無法行駛，後來才興建高架的149縣道供車輛往來，彷彿因禍得福般，讓這樣的路段有著祕境的靜謐，任人得以好好漫步其中。

就像是MV裡的場景，主角瀟灑而滄桑地走在蜿蜒公路上，當陽光照射在芒草上，襯著天藍色天空，顯得更加潔白，更帶有幾分日本偶像劇的小品。而當一陣陣風拂過，芒草隨風擺動，時而飄著片片雪白種子，猶如下雪，潔白的芒草更像一絲白線，縫合著藍天與綠叢，整個氛圍伴隨著寧靜與浪漫，走著走著彷彿心都療癒了，我想這就是意外尋獲青鳥時的感覺吧！當芒草遍布一片雪白，而我們剛好經過，在對的時間、對的地方邂逅，才能看見如此美麗的景色。

■行走在公路上，彷彿拍著MV。

■特別的接枝，讓櫻花與梅花共享天際。

柳家梅園
台灣的冬季雪，
是那枝頭上的一剪梅。

　　冬季梅花盛開時，南投信義鄉的梅林總是遍地盛開，吸引不少旅客爭相造訪，其中牛稠坑的柳家梅園更是吸引人，碩大面積的園區種植著數百棵梅花樹，將山頭染上一片雪白。

○How to go

　　想一睹美景可需要付出一番辛勞，從國道三號的名間出口下交流道，依序奔馳在台3、台16、台21上，沿途不曉得經過多少蜿蜒的山路，時而爬升，時而緩降，看著山頭從原本的深綠色逐漸點綴上一片片雪白，彷彿也將沿途的舟車勞頓漂白。

Nantou

information
🏠 南投縣信義鄉陽和巷87號
📞 04-9283-1191
f 柳家梅園
🚶 ★☆☆

🔊 小叮嚀：梅花季約在12～1月左右。

■枝頭上圍繞著花團錦簇的梅花。

◎這裡，真美！

　　沿著坡道走進園區，帶點些許枯黃的碩大草地，上頭種植數百棵梅花樹，枝頭上點綴一朵朵雪白的梅花，時而獨綻，時而錦簇，襯著藍色的天空，梅花成了一朵朵白雲，伴隨向天際延伸的樹梢，勾勒出一幅梅花水墨，脖子在抬頭仰望後顯得痠楚，不少人便席地而臥，看著滿天梅花，任由和煦的陽光灑落身上，配合著高山宜人的氣候，呈現絕佳的溫度。

　　在一片雪白之中，突然間亂入了其他色彩，點點的桃紅色櫻花呈現鮮艷的姿態，彷彿想來場以寡敵眾的對決，但沿著枝頭緩緩向下觀察，分叉出的另一頭竟然開著潔白梅花，呈現一頭開著櫻花，一頭開著梅花的奇特景致，難怪樹旁圍繞許多遊客，原來這一棵是園區主人最自豪的實驗品，透過特殊的農法將櫻花枝枒與梅花樹接枝，在兩者重疊的花期共賞各自的美麗，而短暫的花季更成為冬季限定的神隱祕境，讓我們在對的時間相遇。

233

頭社金針花海
在群山中尋找一日美人忘憂。

　　每每提到金針花海，總讓人聯想到花蓮富里六十石山，對住在台灣西半部的朋友來說，常常因為距離遙遠而屢屢打消念頭，但每年夏季總是一而再被美麗景致吸引，今年就別再讓自己失望了！位於台灣正中心的南投日月潭周邊，就有一處金針花海，雖然沒有六十石山來得壯闊，卻有群山環繞、雲霧縹緲的仙氣感，讓我們欣賞一日美人的姿態吧！

■走在田埂步道，兩側全是開滿的金針花。

◌How to go

　　「頭社金針花海」位於日月潭往水里路上不遠處，行駛在台21線便可看見「頭社活盆地」等指示牌，這一處活盆地也別具造訪意義，鬆軟的泥土彷彿踩在一塊大型海綿，隨著踩踏而晃動了，奮力一跳還可以感受到它上下波動。跟隨指示抵達目的地，外觀看來就像一處攤販，從外頭完全感受不到金針花海的氣息，直到購票入場後，瞬間被眼前的景色所震撼！

Nantou

information

🏠 南投縣魚池鄉平和巷70號

📞 0910-896-178

🕐 08:00～17:00，門票$100，可全額折抵。

🚶 ★☆☆

🔊小叮嚀：金針花季為每年9～10月。

■綠底點綴著金針花，徜徉其中。

■婀娜多姿的身形，享受一日的綻放。

◎這裡，真美！

在群山擁抱下，一大片金針花海猶如黃金般閃爍綠叢中，遠處雲霧輕輕覆蓋著山巒，看著名為「忘憂草」的金針，由疏到密，由近到遠，由橙到綠，心情頓時輕鬆開闊、忘卻煩憂。

金針花除了擁有「忘憂草」的別稱，更有「一日美人」之稱，從日出後盛開到日落後凋零，綻放著一日芬芳，不禁令人有感而發寫下：「我們看的是同一片金針花海，卻不會是同一片金針花海，除非我們在同一天相遇！」

歐厝戰車
隨著漲退潮之際，
封存在金黃沙灘上的遺世戰車。

　　金門作為台灣第一道防線，過往的古寧頭戰役、八二三砲戰讓島上軍民記憶猶新，直至今日，褪去了些許緊張，連接金廈的小三通帶動了兩岸的交流，伴隨著觀光帶來的歡愉，彷彿一切都未曾發生，但在金門的某一角，卻封存著一輛戰車，遺世般堅守著崗位！

○How to go

　　想一尋遺世戰車的身影，比想像中還要困難，經過幾次波折，原來這輛戰車位於歐厝沙灘，在漲潮時會完全被覆蓋，只有在退潮時才會顯露。抱著滿心期待的我們，朝著歐厝沙灘的方向挺進，一抵達沙灘入口，看著一望無際的金黃沙灘，找不到半點戰車的蛛絲馬跡，好在幸運碰上附近居民領路，往右邊約莫步行了十分鐘，看著遠方一處猶如戰車的身影，我想，我們終於找到了！

Kinmen

information

🏠 金門縣金城鎮歐厝

🚶 ★★☆

📢 小叮嚀：事先查詢潮汐表，於退潮時前往。

◎這裡，眞美！

看著沿岸一支支軌條砦，傾斜約莫45度，夾雜著站崗軍人的緊張，以及敵人來襲時的刺痛，彷彿訴說著當時戰爭的無情，直到我們看見那一輛戰車，傾斜倒臥在沙灘上頭的一澤水窪，上頭的鏽斑覆蓋在依稀可見的迷彩身影，時間的流逝點綴上一顆顆藤壺，砲管直挺挺地瞄準著海的那一頭，彷彿戰爭依舊持續著。隨著海浪一波波拍打上岸，一旁的居民在這天然的冰箱挖著一顆顆貝類，對比著一旁的戰車，這一刻深深感受到這個空間宛如與世隔絕，將當時的氛圍封存住了。

馬祖藍眼淚

海水推的不是白浪，
是一波波阿凡達的藍。

　　世界上有不少奇景，被公認為一生中必須親眼見一次，儘管需要天時地利人和時才有機會一睹奇景，堪稱可遇不可求，也依舊令人趨之若鶩，台灣馬祖難得的「藍眼淚」便是其一，必須搭配氣溫、潮水等因素，在對的時節拜訪，才有機會一睹「藍海」景致。

♀How to go

　　馬祖的藍眼淚季從四月底至中秋前夕都有機會看見，其中又以四、五月分機率最高，白天只要在海面上發現伴著咖啡紅的渾濁潮水，俗稱的「赤潮」，搭配漲退潮以及風向，當天晚上便有較高機率在對應方位一睹奇景。欣賞藍眼淚並沒有確切地點，在馬祖列島各地的淚點都有機會看見，較知名的像是東引「中柱港」；北竿「馬鼻灣」、「塘后沙灘」；南竿「鐵堡」、「津沙沙灘」；東莒的「福正沙灘」、「神祕小海灣」等，都是不少攝影迷朝聖的拍攝地點，其中位於南竿的「北海坑道」，則可以體驗搭乘搖櫓船欣賞藍眼淚，堪稱百分之百看見。若是造訪馬祖的前幾晚都不幸未能看見藍眼淚，不妨在最後一晚前往北海坑道。

■爆大量時，整個海面都泛著藍光。

◎這裡，真美！

夜幕低垂之際，扛上腳架、帶上相機，一輛輛機車奔馳在道路上，無非是抱著期待的心情，想一睹藍眼淚奇景的追淚車隊，每個追淚人彷彿都有著自己的GPS，在每個淚點展開地毯式搜尋。每到一處淚點，讓眼睛漸漸習慣黑暗，在伸手不見五指的漆黑中，看著海面上一波波海浪，等待著海浪呈現不一樣的色澤，突然一陣驚呼：「啊！我看到了！」海浪泛著微微藍光，有人說是螢光白，有人說是螢光藍。

隨著時間越晚，藍眼淚的數量越趨增加，直到海面呈現一片藍，藍中帶著閃閃亮點，就像把天上的滿天星斗摘下，倒入馬祖沿岸的海水之中，更直接的形容，就像阿凡達身上的色彩，爆大量的時候更是一連上演到凌晨，讓每個追淚人犧牲睡眠也甘之如飴。

在這樣的夜晚，抬頭看著星斗遍布蒼芎，低頭欣賞湛藍光點攪和在海水中，美得猶如夢境奇景，難怪有人會說：「沒看到藍眼淚會流淚，看到藍眼淚會淚流滿面。」這樣的感動，在夜晚深深烙印在我們的心中。

information
🏠 連江縣
🚶 ★★☆

國之北疆
短暫的退潮，邂逅台灣最北的國土。

　　環島，不少人會以四極點燈塔做為目標，包含極東的「三貂角燈塔」、極北的「富貴角燈塔」、極西的「國聖港燈塔」，以及極南的「鵝鑾鼻燈塔」，甚至是更瘋狂、熱血的8字環島，加入合歡山上極高點「武嶺」、高雄旗津的極低點「過港隧道」，以及南投埔里極中點「台灣地理中心碑」，合稱台灣七極點，我們也曾經完成幾次環島計畫，以收集台灣本島所有燈塔為目標，徹徹底底將台灣繞上一圈，但說到台灣最北的國土，其實並不是位於新北的富貴角燈塔，而是遠在馬祖的東引島，一處需要天時地利人和才有機會一睹的「北固礁」。

■地上標示的，正是北固礁的正確經緯度。

Matsu

information
🏠 連江縣東引鄉
　　西引島

🚶 ★☆☆

📢 小叮嚀只有在退潮時
　　才能看見北固礁。

○How to go

　　這一天我們計畫造訪東引鄉，同時是台灣以及馬祖最北的國土。依序環島在東引與西引，結束了東引島上的行程，我們行駛過中柱島往西引而去，將北之國疆做為最後一個行程，因為想一睹台灣最北的國土，必須在退潮時間才有機會看見。比起東引來說，西引島上的道路相對簡單，奔馳在橫貫島上的唯一道路，一面望著湛藍海水，一面是鋪著草叢，時而露出岩石的山壁，直到抵達后澳，將車輛停妥後，繼續順著指引方向步行而去。

■軍營與民宅日夜對望。

■海面上的一丁點，是台灣真正的最北。

◎這裡，真美！

　　沿著階梯而行，走過一處軍營，隨著腳步一步一步前進，眼簾的綠與藍也緩緩改變著彼此的比例，直到海水包圍著僅剩的山坡，眼前漆著迷彩的欄杆之中，矗立著一塊岩石，上頭刻畫著「國之北疆」四個大字，但其實這並不是真正的「國之北疆」，而是在後頭約六百公尺的湛藍海面上，浮出那一小丁點的「北固礁」，但因為這座小島礁會隨著潮水的漲退，時而隱匿時而出現，必須在退潮之際才能一睹廬山真面目，因此才特別矗立這塊岩石，讓旅客可以合影，證明自己來過「國境之北」。

　　除了「國之北疆」的岩石，地上猶如十字架般的造景也顯得非常突兀，上頭刻寫著北緯26°22'58.8"、東經120°28'34.0"，正是北固礁的正確經緯度。駐足一旁的觀景台，將「北固礁」、「國之北疆」一併盡收眼簾，徹底感受自己真正站在最靠近台灣的最北國土，彷彿在心中寫下了一個里程碑。正當陶醉在自己的成就感之中，突然海面上畫出一道長長的白浪，一艘漁船從北固礁旁行駛而過，頓時讓人又氣又羨慕，我想這一刻，船上的漁夫才是最靠近的人民吧！

Delicious fun Landscape

吃貨系祕境

餐廳就是我們的攝影棚

247

匀淨湖

在湖畔享受絕美浪漫的仙境景致。

　　不少緊鄰海岸或湖畔的飯店，都會設置無邊際泳池，讓泳池的水面彷彿跟一旁的海面或湖面相連，置身其中，襯著湛藍天空或是群山環繞，美得令人陶醉。苗栗有一間餐廳，同樣有著無邊際造景，池畔緊連鯉魚潭，遠處襯著群山，特別在池中點綴鋼琴與餐桌造景，讓人置身水面中任由倒影陪襯，美得猶如仙境。

■下午茶種類多元，相當精緻。

■蒂芬妮綠搭配白色，是最浪漫的配色。

How to go

　　「勻淨湖」位於苗栗大湖，緊鄰不遠處便是鯉魚潭水庫，得天獨厚的地理位置造就絕佳美景，讓不少人趨之若鶩。這天從台中出發，一路順著台3線行駛，沿途經過豐原、石岡，直到進入苗栗卓蘭，遠遠便可看見一旁的鯉魚潭水面，伴著群山環繞，最後順著指標轉進大湖的新開村便能抵達。勻淨湖外觀看來就像一處私人招待所，簡約木造的大門，連接著通往餐廳的道路，當大門開啟時，緩緩將車輛駛進裡頭的停車場，園區相當碩大，裡頭有景觀會館以及法式餐館，停妥車輛繼續沿著步道前行，一棟潔白的建築便是法式餐廳。

■窗戶倒映著山水，別有一番風味。

Miaoli

information
🏠 苗栗縣大湖鄉新開村70-2號
📞 03-795-1007
f 勻淨湖景觀餐廳民宿
🚶 ★☆☆

📢 小叮嚀：建議著短褲、短裙或是另外攜帶衣服更換。

■放眼望去便是鯉魚潭風光。

◎ 這裡，真美！

　　餐廳外觀以白牆搭配木柱，非常簡約的風格，裡頭則是一整排藍白相間的餐桌，對著窗外的湖光山色，一邊看著菜單，一邊被窗外的無邊際池畔吸引。品嚐過一道道精美的下午茶甜點後，直到走向戶外，水面泛著蒂芬妮綠的色澤，渲染在窗上的玻璃，上頭放置一架潔白造景鋼琴，清澈水面倒映著水面上的一切，彷彿置身鏡像世界，遠方雲霧繚繞山頭，直到群山漸漸消失在湖畔中。我們深深地被這一幕給療癒，延續了剛才的味覺享受，繼續品嚐這一道視覺饗宴，早已迫不及待褪去鞋子，用腳趾尖點破了平靜的水面，勾勒起一波波漣漪，隨著步伐緩緩向鋼琴邁步，搖晃的水面讓鏡像世界有了虛實，襯著鋼琴拍攝，整個畫面猶如仙境。

　　正當我們拍得忘我時，後頭更有一組餐桌椅，上頭擺設簡易的咖啡杯，讓人可以倚坐水面上，望著湖畔以及傍晚的夕陽，舉杯乾杯，瞬間浪漫指數破錶。儘管水深及膝，依舊讓不少女孩願意穿著連身長裙，任由裙襬飄逸在水面，彷彿仙女下凡，伴著鋼琴配樂，交織出一首首美麗樂章；又好像在國外度假村，愜意享受下午茶，直到夕陽緩緩落入水面，大面積的玻璃帷幕依稀映著湖光山色，猶如妝點了最自然的山水畫，別有另一番景致。直到重新踏上水池旁的木棧道，水滴濺濕木板，才知道剛剛作了一場誤入仙境的夢。

橄欖樹咖啡民宿
遠離喧囂，宛如置身童話森林小屋。

在《白雪公主》的故事裡，恰巧在森林中遇見了七矮人，生活在綠蔭遍布的森林小屋，不時有許多小動物造訪，過著無憂無慮的生活。在苗栗便有一間咖啡民宿，隱匿綠蔭之中，一棟棟別具特色的建築物，時而覆蓋植被，時而妝點百花，整個園區的設計就像童話裡的森林小屋，伴隨著蟲鳴鳥叫，讓人徹底遠離喧囂，自由自在漫步其中。

■之所以取名橄欖樹，抬頭便有答案。

■室內的每一角都非常好取景。

■玲瑯滿目的布置，別具鄉村氣息。

■紅磚造型的小屋，像極了七矮人的房舍。

⚲How to go

　　「橄欖樹咖啡民宿」位於苗栗南庄蓬萊村，是處隱匿於山區的小村莊。儘管造訪知名的南庄老街，若不是刻意繞路而行，通常會選擇台3線與它擦身而過，而蓬萊村就在台3線轉往124縣道的一側，當天我們造訪了南庄老街，接著由124縣道行駛，約莫行駛近三十分鐘，便可以在一條岔路進入村莊，在一處綠蔭遮蔽中，望見一棟棟猶如童話小屋般的建築。

Miaoli

information

🏠 苗栗縣南庄鄉蓬萊村42份7-6號
📞 0919-822379
f 南庄橄欖樹咖啡民宿
🚶 ★☆☆

◎ 這裡，真美！

隨著步伐，隱約可見一棟小木屋隱匿在綠蔭植被後，木造建築的樑柱上，時常可以看見滿滿的植被覆蓋，成了一面最自然的綠牆，裡頭點著溫暖的暖黃燈飾，伴隨各式各樣的裝飾品，將整個氛圍營造得相當到位，隨意一坐都像置身童話森林小屋，不時可以聽見蟲鳴鳥叫。這時若樹叢間出現一頭梅花鹿，似乎也毫無違和感。正當自由自在地在園區漫步，突然「叩！」一聲物品掉落的聲響，把地面的木板敲響，抬頭一望才發現一顆顆飽滿的橄欖懸掛於樹梢上，原來裡頭種滿了橄欖樹，頓時對於這間咖啡民宿的命名恍然大悟。

繼續往後走，一棟與木屋相連的紫色小屋，勾勒著天藍色的邊，紫色牆面開了一扇扇窗，窗戶下緣全設計了像竹籬的柵欄，這一幕就像清晨天亮之際，白雪公主緩緩將窗戶推開的場景，沒想到裡頭卻是一片潔白，配著紅磚的點綴，宛如走進鄉村小屋，每一隅都令人細細品茗，一拍再拍。

此時望見窗外有棟紅磚小屋，就像小矮人的房舍，簡單的造型卻十分討喜。正當我們滿懷期待地朝紅磚小屋走近，才發現竟是園區特別設計的廁所，但伴隨周遭種植的一花一草、設計的水池，不說還真以為是一間民宿，有如置身美式鄉村，光是這裡就足以讓人秒殺記憶體，整個園區逛下來，沒有殺個幾百幾千張似乎過意不去，沒想到這樣的森林小屋竟然就隱身在苗栗南庄，也難怪在IG上會吸引這麼多女孩詢問，紛紛想前來朝聖拍照。

又見一炊煙
置身日式建築池畔，感受禪意。

　　對台中新社而言，一年一度的「新社花海」，總能吸引成千上萬旅客造訪朝聖，然而除了新社花海，新社隱藏著許多鮮為人知的祕境，儘管就在車水馬龍的道路旁，卻有著祕境的靜謐，讓人遠離喧囂，與世隔絕。

　　這處祕境便是其一，坐落在大馬路一側，以高聳的圍牆隔絕喧囂，遍布植被猶如私人招待所，沒想到裡頭卻隱藏著一間日式木造和室建築，圍繞一方池畔，營造濃厚的禪意氛圍，當彌漫霧氣時，宛如置身仙境，猶如一幅絕美的水墨畫。

■店內提供下午茶以及正餐的無菜單料理。

○ How to go

造訪新社花海，不少人會從市區行駛129縣道，經過蜿蜒的山路進入新社，右轉接上協中街往活動會場前進，右轉的同時，便與「又見一炊煙」擦肩而過，彷彿電影《向左走向右走》般，其實「又見一炊煙」就在左轉約莫六百公尺的不遠處，但多半旅客卻從來不曾行駛這個方向，也讓這樣的餐廳保有祕境氛圍。

Taichung

information

🏠 台中市新社區中興里中興嶺街一段107號
📞 04-2582-3568
🕐 11:00～21:30
f 又見一炊煙
🚶 ★☆☆

■彷彿日本和室，一邊品茗著清茶。

■不說還以為真的在日本。

◉ 這裡，真美！

又見一炊煙的外牆看來就像被植被覆蓋的莊園高牆，走進裡頭像是走進一處樹林，漸漸地彌漫一股禪意，直到拐過一個彎，一棟日式的木造建築映入眼簾，餐廳提供一千元左右的無菜單料理，以及下午時段才供應的下午茶餐點，進入室內一律需脫鞋。當和室門緩緩開啟，先看到每個小几上都有著一花一葉簡約的插花擺設，以及濃厚的日式氛圍裝潢，昏暗的燈光照映在榻榻米上，深色木製桌椅伴著酒紅色的和室椅，選個靠窗的明亮處坐下，窗外景致卻更吸引我們。

這才發現原來明亮的窗邊不是窗，而是一扇扇通往外頭長廊的拉門，就像日本的和室建築般，長廊上擺放著一對對茶几與坐墊，前方倚畔著一方水池，一側的柳樹緩緩垂降，加上池面上的造景，整個氛圍別具禪意，倚坐在一側猶如置身日本。當水霧噴起，整個造景猶如彌漫在雲霧之中，更讓人有如置身仙境。當女孩倚坐在建築一側，那畫面美得猶如仙女下凡，也因為這一幕，讓不少女孩打卡後瞬間被大量愛心湧入。隱身在新社的又見一炊煙便在IG上爆紅，讓人完全不敢相信這樣的祕境就在新社。寧靜而愜意的氛圍也讓不少人流連忘返，點上一份下午茶便可以坐上好長一段時間，不論是白天、午後傍晚甚至是入夜後，都有著不同氛圍，讓人可以一一感受。

千樺花園

綠蔭包圍的玻璃溫室裡，
品一口美味。

　　每年秋冬之際，台中新社便會舉辦新社花海節，種植大量的大波斯菊、向日葵等花卉，頓時讓整個大地遍布紫色、粉色、白色和黃色等色彩，而在前往新社花海的路途上，則有一處餐廳，園區內種植了各式各樣的植物，將四季顏色全裝進園區，更打造一處玻璃餐廳，由外到內充滿植栽花卉，猶如置身大自然裡頭品嘗著一道道佳餚。

■餐桌四周盡是一片綠蔭。

■每一隅都像是偶像劇拍攝場景。

○How to go

「千樺花園」位於台中新社，從台中市區出發，行駛在通往新社的129縣道上，直到接上協興街，一路的景致再熟悉不過，因為一旁緊鄰的，便是知名的新社花海活動會場，每每造訪新社花海，便會由此行經，外觀看來就像住宅別墅，直到真正走進一訪，沒想到裡頭竟別有洞天。

■餐廳外觀就像玻璃溫室般。

Taichung

information

🏠 台中市新社區協興街61號

📞 04-2582-1141

🕐 平日09:30～17:00，週五、六、日09:30～21:00，周四店休

📘 千樺花園餐廳

🚶 ★☆☆

■在玻璃餐廳品嘗法式料理。

◎ 這裡，真美！

走進園區的第一印象，彷彿走進一處綠蔭茂密的樹林裡，抬頭仰望滿是一片綠，由不同的植物交織出不同深淺的綠色調，底下則是一叢叢花花草草點綴著些許繽紛色彩，沿著步道行走在石塊上，一側的水流涓涓細流著，彷彿引領著我們前往餐廳裡。直到一棟擁有大面積玻璃幃幕的建築映入眼簾，四周種植的植物將玻璃的銳角修飾，乍看就像一處玻璃溫室，從外到內全是植物，就連餐廳裡頭也一樣，彷彿國外流行的將餐桌搬到田園間，而窗外景致更是隨著四季有所不同，像是有生命而會變化的無價裝潢，就算是每次來都坐在同一個座位上，品嘗同一款法式佳餚，感受也不盡相同。

在美味佳餚之後，真正的主餐其實還在後頭，可別急著離開，餐廳外的園區種植了各式各樣不同的植物花卉，為四季點綴上不同色彩，像是橘紅的楓葉、雪白的梅花、粉嫩的櫻花，彷彿將四季移至園區裡頭孕育，更有著數不清的翠綠，讓人格外舒心。

在不同的季節造訪，都有不同的景致可以欣賞，茶餘飯後悠悠地漫步其中，任由微風穿梭樹梢之間，好不愜意，精心植栽的每一隅就像是大自然妝點的攝影棚，一幕幕猶如偶像劇般的場景，讓人一拍再拍，任誰也沒想到外頭望見的一片綠，裡頭卻有著千變萬化的精采，真是柳暗花明又一村。

菁芳園
神隱的密室，是網美不說的拍照勝地。

　　彰化田尾鄉堪稱花卉王國，一年四季綻放各式各樣花朵，成為全國最大的花卉市場，不論是哪個季節造訪，都能欣賞到不同花影。若是提到落羽松，田尾鄉的菁芳園頗為知名，園區內的池塘種植大量落羽松，步道設計了一處小橋造景，水面同時倒映著落羽松與小橋，別有一番東方氣息。但除了落羽松，園區內更有一處密室，讓不少女孩流連忘返，秒殺底片。

■每一面牆都有著不同的風格

⌕ How to go

　　位於彰化田尾的菁芳園，往年的落羽松季節總是吸引許多旅客造訪，地理位置不算難找，設定導航都能輕易抵達，但多數人都以為園區的重點只有落羽松，好不容易進到園區，卻在室外欣賞完落羽松後便前往下一個景點，其實在園區的咖啡館裡頭，打造了一處空間，四道牆面皆設計了不同風格的造景，像是鄉村、簡約、華麗與森林等風格，讓人忍不住一拍再拍，足足可以在IG洗上一面九宮格。

■走入園區，彷彿誤入了仙境。

◎ 這裡，真美！

行駛在園區外頭，碩大而高聳的落羽松搖曳著一片片像是羽毛般的橘紅色葉子，儘管一旁的圍牆試圖阻擋它的風采，卻避不開地映入每一位行旅的眼簾。漫步在園區唯一的步道上，兩側落羽松呈現不同色調，時而綠沉，時而橘紅，兩者間還穿插著些許柳黃。靜靜坐在水池旁的長椅，看著水面倒映著小橋與落羽松，如詩如畫的景致，宛如置身東方的庭院造景。

欣賞完落羽松後，繼續往咖啡廳走去，在一棟潔白建築裡，遍布著各式各樣的植物與花卉，點綴著每一道牆面，彷佛室內最自然的裝潢。繼續往裡頭走，角落一處不起眼的空間，以各種不同風格的牆面設計，透過簡單的配色與擺置，加上些許植被與花卉妝點，彼此之間帶點和諧又有些許差異，但每一面卻都足以讓女孩為之瘋狂，一面牆拍過另一面牆，恨不得把自己與每個角落都裝進底片。多了這樣的巧思，讓人在其他季節造訪菁芳園也多了幾分興致，在這一處「花花世界」裡頭，享受百花齊放的芬芳。

■店內也可享用美味的餐點。

■特別的心型窗花，別具浪漫。

Chunghua

information

🏠 彰化縣田尾鄉打簾村張厝巷73號

📞 04-824-3535

🕐 平日10:00～17:30，假日10:00～-20:00

Ⓕ 菁芳園TenwayGarden

🏃 ★☆☆

174翼騎士驛站
走在向群山延伸的時尚玻璃伸展台。

　　近幾年來天空步道盛行，不論是登高眺望絕美景致，抑或踩著透明的玻璃步道，抱著又驚又喜的心情，欣賞腳下懸空的畫面，彷彿站在天空般眺望。而今在台南深山裡頭，有間餐廳將伸展台與天空步道結合，漫步駐足其中，後頭襯著群山層層相疊的景色，猶如置身仙境。

⌕ How to go

「174翼騎士驛站」位於台南東山區，由於位置正好在174縣道上，加上老闆本身喜歡騎著重機奔馳，因此特別取諧音為「翼騎士」。174縣道直行直到銜接175縣道前，便可看見174翼騎士驛站坐落路旁。

Nantou

information

🏠 台南市東山區南勢里南勢庄42-1號

📞 06-686-33508

🕐 10:00～20:30，周二、三店休

f 174翼騎士驛站 - 私人招待所

🚶 ★☆☆

📢小叮嚀：天空步道禁止穿著高跟鞋，需事先至粉絲頁預約。

■餐點提供飯、麵等簡餐。

◎ 這裡，真美！

　　一抵達174翼騎士驛站，外觀看來與一般景觀餐廳無異，桌椅全設置在戶外空間，倚靠欄杆的一側則有看台座位，更是裡頭最搶手的座位，可將整個東山區的群山景致盡收眼簾，山巒從飽和清晰的翠綠，隨著空氣間的霧氣漸漸刷白模糊，依稀可見一層層疊遞的層次。等候餐點時，我們沿著一旁的階梯步上二樓，同樣的桌椅成了露天座位，欄杆之間向外延伸出一道玻璃步道，筆直地朝山巒延伸，後頭映襯著群山景致，駐足步道入口，看著下方玻璃透著數公尺深的叢林，鼓起勇氣踏出第一步，繼續往後頭前進。當玻璃倒映身影，兩側欄杆伴隨著翠綠的樹叢筆直延伸，宛如走在天際之間，這一刻美得猶如仙境。

+樂水 Hotel de Plus
在南境邊際白屋前的草地，望著海野餐。

位於南台灣最尾端的墾丁，是許多國內外旅人造訪台灣時的戲水天堂，每年夏季總是人山人海，沙灘上插著一支又一支遮陽傘，伴隨清涼養眼的男女，猶如國外的沙灘景致。但其實繼續行駛繞過極南點的地標後，在南境邊際有間潔白屋子，乍看就像國外的私人別墅，獨特的造型讓人不禁多看幾眼，這裡其實是少數旅客才知道的野餐勝地。

How to go

造訪「+樂水 Hotel de Plus」非常簡單，但由於地理位置的關係，鮮少人知道。抵達鵝鑾鼻燈塔時，繼續順著台26線往北行駛，約莫十分鐘左右，會在左手邊看見一棟白色屋子，便是「+樂水 Hotel de Plus」。

■停駐的白色餐車，烹調著各式餐點。

品嚐著美食，和好友沉盡在當前美景。

Pingtung

information

🏠 屏東縣滿洲鄉興海路36號
📞 08-880-2277
📘 +樂水 Hotel de Plus

🚶 ★☆☆

■草原邊圍著白色柵欄，有幾分美式鄉村氛圍。

■置身其中猶如處在異國。

⊙ 這裡，真美！

一大片綠地中佇立著潔白屋子，方正的造型上頭鏤空著一扇扇大大小小的方形窗，點綴一粒粒像素般的黑點，緊鄰馬路的一側，設置了一整排白色柵欄，乍看別有幾分美式鄉村氛圍，襯著藍天、大海、綠地，拍起來就像身處異國，輕鬆便能拍出大草原般的場景照。

當太陽漸漸朝向西邊，白色屋子的影子緩緩覆蓋草地上，一格格方型窗點上暖黃燈飾，整個氛圍又別有一番風味。隨著時間越趨傍晚，一旁的餐車飄逸著香氣，料理著一份份精美的野餐餐點，不少旅客鋪著野餐墊席地而坐，一邊品嘗美食與美酒，一邊與身旁的友人閒話家常，任由海風隨意吹拂，享受難得的周末微醺午後。

都蘭海角咖啡
遙望綠島及一片湛藍，
嘗一口西班牙的味道。

台東都蘭緊鄰台東市區，卻保有小村莊的愜意氛圍，不少外國旅客來到台東，都選擇在都蘭住宿歇腳，我們則在環島途中，因緣際會造訪這間餐廳，直到坐下來休息後，才曉得為什麼會有一群外國人選擇在這裡定居、創業。

　　「都蘭海角咖啡」位於台東東河都蘭郊區，地理位置顯得格外隱密，儘管行駛在海線的台11線上，也不見得會與它邂逅。這一天，我們的環島計畫準備從台東前往三仙台，順著台11線行駛，就在過都蘭市區不久後，看著油箱突然亮起燈，找到一處加油站，正當加滿油準備再次出發，一塊像是漂流木的板子上頭，手寫著「都蘭海角咖啡」，並畫上箭頭向一旁的小路指引，那條小路看起來就像產業道路，幾近無法會車的路寬，兩側全是農田以及荒廢的樹林，也因為這樣反而勾起我們的好奇心，畢竟旅程上總有許多不經意的驚喜，當回想起來才更顯得令人回味，於是我們緩緩行駛在陌生路線上，一邊抱著又驚又喜的心情，一邊尋找著下一個指標，直到拐進另一個彎，遠遠看見一個「P」的木頭，我們停妥車輛，也被眼前的場景震驚了。

■吹著海風，配著啤酒，好愜意

■料理全以西班牙風味呈現。

Taitung

information

🏠 台東縣東河鄉路47鄰
📞 0903-262-923
f 都蘭海角咖啡 Dulan Cape Café
🚶 ★☆☆

■一大片綠地，伴隨著海洋與藍天。

■眼前美景就像置身天堂般，一處與世隔絕的仙境。

■在棕櫚樹下望著綠島島嶼。

◎這裡，真美！

　　走過一間鐵皮搭建的設施，映入眼簾的是一片碩大的草地，幾頂帳篷下設置了幾張桌椅，吧檯裡走出一位外國人接待我們，深邃的五官卻說著流利的中文，原來這裡是由幾位旅遊世界各地、但愛上台東都蘭的外國人所開的。這裡提供道地的西班牙風味餐點，以及各項水上旅遊設備和教學。坐著候餐時，看著眼前美景就像置身天堂般，一處與世隔絕的仙境。

　　正當我們品嘗餐點時，隱約看著草皮後頭幾棵棕櫚樹下，似乎還藏匿著其他設施，讓我們像是發現新大陸般，沒想到後頭竟然有一處游泳池臨海而建，雖然稱不上無邊際泳池，卻能輕易望著湛藍的太平洋以及最遠處的綠島，任由水面倒映著景物，不論站或坐，搭配遠方景色，宛如影集中才會出現的場景，頓時間腦海中浮現出一個畫面，一群外國人手拿著啤酒，一邊望著遼闊的景致，一邊談天說地，我想這就是他們留下來的原因吧！眼前的每一幕都讓我們慶幸當時轉進來尋找這一處臨海祕境，享受屬於台東最自然的氛圍，坐在棕櫚樹下，望著遼闊的海景與綠島放空。

刺鳥咖啡書店

當迷彩遇見文學，
薰陶在地底的神隱坑道。

「有一種鳥，會用盡一生的生命，唱出最動人的歌曲。」

　　用生命做為換取世上最美麗歌聲的代價，意味著當我們迎向最深刻的痛楚時，將無所畏懼，因為唯有經歷最深沉的痛楚，才能換取最美好的事物，這樣的精神在「刺鳥咖啡書店」當中表露無遺。

■每一扇窗的景致，隨著時間不斷變化。

♀How to go

　　刺鳥咖啡書店位於馬祖南竿鄉，一端連接福澳港、一端連接機場，得天獨厚的地理位置常是不少旅客抵達馬祖的第一站，或是離開前的最後一站，甚至是「關島」等候機場重啟前的臨時歇腳處。行駛在復興路上，順著「么兩據點」指標而行，直到一處拱門連接著下切的階梯，隨著階梯緩緩而下，刺鳥咖啡書店就坐落在一處懸崖邊，望著對面的北竿，猶如世外桃源。

■樓下彷彿別有洞天，藏匿著一處坑道。

Matsu

information

🏠 連江縣南竿鄉復興村222號　📍 　📘

📞 0933-008-125

🕐 10:30～18:00

🚶 ★☆☆

■朗朗晴天，望著對面的北竿，猶如世外桃源。

◎ 這裡，真美！

一抵達階梯，十個旅客有九個大概會遲疑，因為兩側蔓延著比人高的芒草，人煙稀少甚至帶點荒涼氣息，直到走完第一段階梯，往往會令人發出一聲讚歎：「哇！」由原本廢棄的軍事碉堡「么兩據點」改建而成，外觀包裹著濃郁戰地風情的迷彩，試圖藏匿在這一片懸崖邊，直到進入書店才發現別有洞天。

刺鳥咖啡書店的老闆為連江縣政府文化局前局長，將自身藏書一袋袋搬進前線據點，店內彌漫一股濃郁的書卷氣息，每一隅點綴著各式各樣的藝術品，每一扇窗戶就像貼著會動的壁貼，隨著外頭景致不斷變換，點上一杯刺鳥特調，選上一處靠窗的座位，靜靜看著外頭，望著對岸的北竿，夾在天空與大海的一片藍之中，時而飄過一朵白雲，時而駛過一艘漁船，讓人不禁慢慢放鬆，感受著馬祖的人文景致。

刺鳥的歌聲可不僅於此，隨著步伐緩緩往樓下移動，一個開關點亮了一排燈光，由近到遠逐步點亮，才驚覺底下竟然還有一處坑道！原本的戰備坑道在老闆一點一滴布置下，擺放了各式各樣的藝術品，儼然成為一處藝術藝廊，每一個空間、每一個轉彎彷彿探險，處處充滿了驚喜，從一開始帶著疑惑的想法抵達這間書店，直到駐足在坑道盡頭，早已不知驚呼了多少聲。

■頂樓的180度視野，將北竿的景致盡收眼底。

讓眼前的美景 永遠教人驚豔
祕境，需要你我守護

　　在資訊快速流動的現代，今日的祕境有可能成為明日的爆紅景點，每當一個祕境被公布之後，大家總是一窩蜂前往朝聖，而當大家造訪的同時，伴隨而來製造大量垃圾、干擾附近居民生活等問題，就連抱持分享心情撰寫文章的我們也成為箭靶，「可不可以不要再分享？」、「祕境都不祕境了！」。因此，當我們撰寫這本書的同時，內心也不斷天人交戰，一方面想跟大家分享台灣鮮為人知的美，另一方面又深怕毀了一個又一個祕境，幾度讓這本書胎死腹中。

　　還記得寫這本書的同時，每當我們寫完一個景點，就常常聽到新聞、網路報導「某某祕境基於安全考量封閉」、「絕美祕境如今成為垃圾山」，像是擁有絕佳視野的鷹石尖、媲美白堊紀世界的粉鳥林、宛如神隱少女場景的內社川橋，雖然一部分基於安全考量，另一部分則是大量人潮造成當地交通、當地居民困擾，甚至留下大量垃圾所造成。內心百般無奈之餘，也想著能多做些什麼，畢竟我們也得負起一部分的責任。

我們想說的是，或許這只是少數人造成的，深信大部分的人僅留下足跡、帶走回憶、帶走美景，若是可以藉由這本書，讓更多人一起維護祕境，甚至維護台灣的每一個地方，在看見台灣的美的同時，也能讓我們一起守護，免於封閉，甚至在地方與民間規劃下，讓祕境永存進而發展台灣觀光，那麼堅持寫完這本書也就值得了！

宜蘭粉鳥林

在你讀到這裡時，希望我們不只是用照片帶你看見台灣許多美景，而是激發你的行動力，出發前往台灣各個祕境。在你打卡的同時，不妨跟著我們一起盡一分心力，在IG上寫著「維護祕境，免於封閉」、「守護祕境，人人有責」等標語，讓之後造訪的每個人，都能看見相同的美景。

苗栗內社川橋

謹此

陳健安Jason 2018.01

已遭封閉的宜蘭鷹尖石。

國家圖書館出版品預行編目

IG 打卡祕境：近 90 個攝影家私藏清單，IG 詢問度破表的絕美景點。/ 陳健安著. -- 初版. -- 臺北市：朱雀文化，2018.02

面； 公分 -- (Free ; 16)

ISBN 978-986-95344-8-2 (平裝)

1. 臺灣遊記

733.6　　　　　　　　　　　　　　107000712

Free016

IG 打卡台灣祕境

近 90 個攝影家私藏清單，IG 詢問度破表的絕美景點。

作者	陳健安 Jason
攝影	陳健安 Jason
美術設計	張歐洲
編輯	劉曉甄
行銷	石欣平
企畫統籌	李橘
總編輯	莫少閒
出版者	朱雀文化事業有限公司
地址	台北市基隆路二段 13-1 號 3 樓
電話	(02) 2345-3868
傳真	(02) 2345-3828
劃撥帳號	19234566 朱雀文化事業有限公司
e-mail	redbook@ms26.hinet.net
網址	http://redbook.com.tw
總經銷	大和書報圖書股份有限公司（02）8990-2588
ISBN	978-986-95344-8-2
初版一刷	2018.02
定價	399 元
出版登記	北市業字第 1403 號

About 買書：

●朱雀文化圖書在北中南各書店及誠品、金石堂、何嘉仁等連鎖書店均有販售，如欲購買本公司圖書，建議你直接詢問書店店員。如果書店已售完，請撥本公司電話（02）2345-3868。

●●至朱雀文化網站購書（http://redbook.com.tw），可享 85 折起優惠。

●●●至郵局劃撥（戶名：朱雀文化事業有限公司，帳號 19234566），掛號寄書不加郵資，4 本以下無折扣，5 ～ 9 本 95 折，10 本以上 9 折優惠。

 優惠券

Coupon

千樺花園餐廳

商品兌換優惠券

憑券入園消費，可兌換一份法國馬卡龍（三個）及一套四張園區風景明信片。

（上述商品如已售罄，則由本店改贈其他同值商品）

使用期限：即日起至 2018/12/31止

台中市新社區協成里協興街61號 04-25821141

北歐小幸福 台南民宿

房價9折優惠券

憑券住宿，即享房價9折優惠。

（國定假日、連續假期、過年春節不適用）

使用期限：即日起至 2018/12/31止

台南市中西區民權路一段26號 0966-286868

174翼騎士驛站

餐飲優惠券

憑券用餐，得享有9折優惠。

（國定假日、連續假期、過年春節不適用）

使用期限：即日起至 2018/12/31止

台南市東山區南勢里南勢庄42-1號 06-6863350

第五季國際旅店

房價優惠券

憑券住宿，雙人房折抵180元、四人房折抵400元。

（週六、連續假日、過年春節不適用）

使用期限：即日起至 2018/12/31止

宜蘭縣羅東鎮中正北路42號六樓 03-9557222

橄欖樹咖啡民宿

房價優惠券

憑券住宿，可抵房價200元，一房限用一張。

（國定假日、連續假期、過年春節不適用）

使用期限：即日起至 2018/12/31止

苗栗縣南庄鄉蓬萊村42份7-6號 0919-822379

三仙台星辰民宿

房價9折優惠券

憑券住宿，即享房價9折優惠。

（國定假日、連續假期、過年春節不適用）

使用期限：即日起至 2018/12/31止

台東縣成功鎮美山路1-6號 0975-914506

旅人驛站旅宿

房價9折優惠券

憑券住宿，即享房價9折優惠。

（國定假日、連續假期、過年春節不適用）

使用期限：即日起至 2018/12/31止

台東市中山路402號 089-352200

花蓮伊笛幛休閒民宿

房價9折優惠券

憑券住宿，即享房價9折優惠。

（國定假日、連續假期、過年春節不適用）

使用期限：即日起至 2018/12/31止

花蓮縣花蓮市富裕十一街79號 0905-267667

＋樂水 Hotel de Plus

入住送獨家設計小禮

憑書入住即贈送＋樂水Hotel de Plus獨家設計旅行吊牌乙組

使用期限：即日起至 2018/12/31止

屏東縣滿州鄉海興路36號 08-8802277

里亞行旅 Hotel LIYAOU

住宿升等優惠券

憑券入住可免費升等房型，標準雙人房升等豪華雙人房；標準家庭房升等豪華家庭房。

（國定假日、連續假期、過年春節不適用）

使用期限：即日起至 2018/12/31止

嘉義市永和街100號 05-2275579

又見一炊煙

下午茶招待券

來店套餐消費贈下午茶招待券

（特定包場活動、連續假日、過年春節不適用）

使用期限：即日起至 2018/12/31止

台中市新社區中興里中興嶺街一段107號 04-25823568

金台灣山莊

房價300元抵用券

用餐享每每桌免費兌換時蔬一道／憑券住宿，可折抵房價300元；憑券用餐，亦可享每每桌免費兌換時蔬一道。

（國定假日、連續假期、過年春節不適用）

使用期限：即日起至 2018/12/31止

南投縣鹿谷鄉內湖村興產路25-2號 049-2754064

傳思文旅

房價9折優惠券

憑券住宿，即享房價9折優惠。

（國定假日、連續假期、過年春節不適用）

使用期限：即日起至 2018/12/31止

台中市南區忠孝路150號 04-22851702

勻淨湖景觀餐廳民宿

餐飲優惠券

憑券用餐，得享有9折優惠。

（國定假日、連續假期、過年春節不適用）

使用期限：即日起至 2018/12/31止

苗栗縣大湖鄉新開村70-2號 037-951007

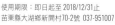

D.G. Hotel & Café

房價9折優惠券

（國定假日、連續假期、過年春節不適用）

使用期限：即日起至 2018/12/31止

台北市大同區迪化街一段334號 02-25536711

優惠券 Coupon

千樺花園餐廳優惠券使用方式
- 本優惠券入園可兌換一份法國馬卡龍（三個）及一套四張園區風景名信片。（上述商品如已售罄，則本店改贈其他同值商品）
- 使用限制　本優惠券不可與其他優惠或折扣同時併用。千樺花園餐廳保留活動內容修改、解釋及終止之權利。
- 使用期限至 2018/12/31止，逾期無效。
- 本券僅限使用乙次，恕不得轉換現金。
- 本券不限本人使用，請妥善保管。
- 本券影印使用無效。

174翼騎士驛站優惠券使用方式
- 本優惠券用餐，可享9折優惠。(需於用餐前告知使用此券，並於用餐時出示。)
- 使用限制
  每桌限用一張，不可與其他優惠或折扣同時併用。請於結帳同時出示優惠，恕不接受事後補券。174翼騎士驛站保留活動內容修改、解釋及終止之權利。
- 使用期限至 2018/12/31止，國定假日、連續假期、過年春節不適用，逾期無效。
- 本券僅限使用乙次，恕不得轉換現金。
- 本券不限本人使用，請妥善保管。
- 本券影印使用無效。

北歐小幸福台南民宿優惠券使用方式
- 本折價券住宿，可享房價9折優惠。
- 使用限制
  每間房限用一張，不可與其他優惠或折扣同時併用。請於結帳同時出示優惠，恕不接受事後補券。北歐小幸福台南民宿保留活動內容修改、解釋及終止之權利。
- 使用期限至 2018/12/31止，國定假日、連續假期、過年春節不適用，逾期無效。
- 本券僅限使用乙次，恕不得轉換現金。
- 本券不限本人使用，請妥善保管。
- 本券影印使用無效。

橄欖樹咖啡民宿優惠券使用方式
- 本折價券住宿，可抵房價200元，一房限用一張。需於入住前告知使用此券，並於入住時出示。
- 使用限制　每間房限用一張，不可與其他優惠或折扣同時併用。請於入住時出示優惠，恕不接受事後補券。橄欖樹咖啡民宿保留活動內容修改、解釋及終止之權利。
- 使用期限至 2018/12/31止，國定假日、連續假期、過年春節不適用，逾期無效。
- 本券僅限使用乙次，恕不得轉換現金。
- 本券不限本人使用，請妥善保管。
- 本券影印使用無效。

第五季國際旅店優惠券使用方式
- 本折價券住宿，可享雙人房折抵180元，四人房折抵400元。(需於入住告知使用此券，並於入住時出示。)
- 使用限制　每間房限用一張，不可與其他優惠或折扣同時併用。請於結帳同時出示優惠，恕不接受事後補券。第五季國際旅店保留活動內容修改、解釋及終止之權利。
- 使用期限至 2018/12/31止，週六、連續假日、過年春節不適用，逾期無效。
- 本券僅限使用乙次，恕不得轉換現金。
- 本券不限本人使用，請妥善保管。
- 本券影印使用無效。

旅人驛站旅宿優惠券使用方式
- 本折價券住宿，可享房價9折優惠。
- 使用限制
  每間房限用一張，不可與其他優惠或折扣同時併用。請於結帳同時出示優惠，恕不接受事後補券。旅人驛站旅宿保留活動內容修改、解釋及終止之權利。
- 使用期限至 2018/12/31止，國定假日、連續假期、過年春節不適用，逾期無效。
- 本券僅限使用乙次，恕不得轉換現金。
- 本券不限本人使用，請妥善保管。
- 本券影印使用無效。

三仙台星辰民宿優惠券使用方式
- 本折價券住宿，可享房價9折優惠。
- 使用限制
  每間房限用一張，不可與其他優惠或折扣同時併用。請於結帳同時出示優惠，恕不接受事後補券。三仙台星辰民宿保留活動內容修改、解釋及終止之權利。
- 使用期限至 2018/12/31止，國定假日、連續假期、過年春節不適用，逾期無效。
- 本券僅限使用乙次，恕不得轉換現金。
- 本券不限本人使用，請妥善保管。
- 本券影印使用無效。

＋樂水Hotel de Plus優惠券使用方式
- 憑本優惠券入住即贈送＋樂水Hotel de Plus獨家設計旅行吊牌乙組
- 使用限制
  本優惠券不可與其他優惠或折扣同時併用。＋樂水Hotel de Plus保留活動內容修改、解釋及終止之權利。
- 使用期限至 2018/12/31止，逾期無效。
- 本券僅限使用乙次，恕不得轉換現金。
- 本券不限本人使用，請妥善保管。
- 本券影印使用無效。

花蓮伊笛幢休閒民宿優惠券使用方式
- 本折價券住宿，可享房價9折優惠。
- 使用限制
  每間房限用一張，不可與其他優惠或折扣同時併用。請於結帳同時出示優惠，恕不接受事後補券。花蓮伊笛幢休閒民宿保留活動內容修改、解釋及終止之權利。
- 使用期限至 2018/12/31止，國定假日、連續假期、過年春節不適用，逾期無效。
- 本券僅限使用乙次，恕不得轉換現金。
- 本券不限本人使用，請妥善保管。
- 本券影印使用無效。

又見一炊煙優惠券使用方式
- 憑本優惠券來店來店套餐消費即贈下午茶招待券
- 使用限制
  本優惠券不可與其他優惠或折扣同時併用。又見一炊煙保留活動內容修改、解釋及終止之權利。
- 使用期限至 2018/12/31止，特定包場活動、連續假日、過年春節不適用，逾期無效。
- 本券僅限使用乙次，恕不得轉換現金。
- 本券不限本人使用，請妥善保管。
- 本券影印使用無效。

里亞行旅 Hotel LIYAOU優惠券使用方式
- 本折價券住宿，可免費升等房型，標準雙人房升等豪華雙人房；標準家庭房升等豪華家庭房。
- 使用限制　每間房限用一張，不可與其他優惠或折扣同時併用。請於結帳同時出示優惠，恕不接受事後補券。里亞行旅 Hotel LIYAOU保留活動內容修改、解釋及終止之權利。
- 使用期限至 2018/12/31止，國定假日、連續假期、過年春節不適用，逾期無效。
- 本券僅限使用乙次，恕不得轉換現金。
- 本券不限本人使用，請妥善保管。　● 本券影印使用無效。

傳思文旅優惠券使用方式
- 本折價券住宿，可享房價9折優惠。
- 使用限制
  每間房限用一張，不可與其他優惠或折扣同時併用。請於結帳同時出示優惠，恕不接受事後補券。傳思文旅保留活動內容修改、解釋及終止之權利。
- 使用期限至 2018/12/31止，國定假日、連續假期、過年春節不適用，逾期無效。
- 本券僅限使用乙次，恕不得轉換現金。
- 本券不限本人使用，請妥善保管。
- 本券影印使用無效。

金台灣山莊優惠券使用方式
- 本折價券住宿，可享房價折抵300元，用餐可享每桌免費兌換菜蔬一道。(需於入住/用餐前告知使用此券，並於入住/用餐時出示。)
- 使用限制　每間房限用一張，不可與其他優惠或折扣同時併用。請於結帳同時出示優惠，恕不接受事後補券。金台灣山莊保留活動內容修改、解釋及終止之權利。
- 使用期限至 2018/12/31止，國定假日、連續假期、過年春節不適用，逾期無效。
- 本券僅限使用乙次，恕不得轉換現金。
- 本券不限本人使用，請妥善保管。
- 本券影印使用無效。

D.G. Hotel & Café優惠券使用方式
- 本折價券住宿，可享房價9折優惠。
- 使用限制
  每間房限用一張，不可與其他優惠或折扣同時併用。請於結帳同時出示優惠，恕不接受事後補券。D.G. Hotel & Café保留活動內容修改、解釋及終止之權利。
- 使用期限至 2018/12/31止，國定假日、連續假期、過年春節不適用，逾期無效。
- 本券僅限使用乙次，恕不得轉換現金。
- 本券不限本人使用，請妥善保管。
- 本券影印使用無效。

勻淨湖景觀餐廳民宿優惠券使用方式
- 本折價券用餐，可享餐費9折優惠。(需於用餐前告知使用此券，並於用餐時出示。)
- 使用限制
  每桌限用一張，不可與其他優惠或折扣同時併用。請於結帳同時出示優惠，恕不接受事後補券。勻淨湖景觀餐廳民宿保留活動內容修改、解釋及終止之權利。
- 使用期限至 2018/12/31止，國定假日、連續假期、過年春節不適用，逾期無效。
- 本券僅限使用乙次，恕不得轉換現金。
- 本券不限本人使用，請妥善保管。
- 本券影印使用無效。